LÉON TROTSKY

MA VIE

ESSAI AUTOBIOGRAPHIQUE

Traduit sur le manuscrit avec des notes par Maurice-Parijanine

TOME DEUXIÈME

1905-Octobre 1917

MÀ VIE

TOME DEUXIÈME

(1905-1917)

DU MÊME AUTEUR

AUX ÉDITIONS RIEDER :

La Révolution défigurée.

A LA LIBRAIRIE DE L'HUMANITÉ

« *1905* », traduction de Maurice-Parijanine.

A LA LIBRAIRIE DU TRAVAIL

Lénine, traduction de Maurice-Parijanine et de X***.

ÉDITÉ PAR BORIS SOUVARINE
(La Cootypographie, Courbevoie)

Cours Nouveau.

ÉDITÉ PAR « LA LUTTE DE CLASSES »
(Librairie du Travail)

Vers le Capitalisme ou vers le Socialisme ?

Trotsky en 1904.

LÉON TROTSKY

MA VIE

ESSAI AUTOBIOGRAPHIQUE

TRADUIT SUR LE
MANUSCRIT PAR
MAURICE-PARIJANINE

TOME DEUXIÈME

LES ÉDITIONS RIEDER - PARIS
7, PLACE SAINT-SULPICE, 7

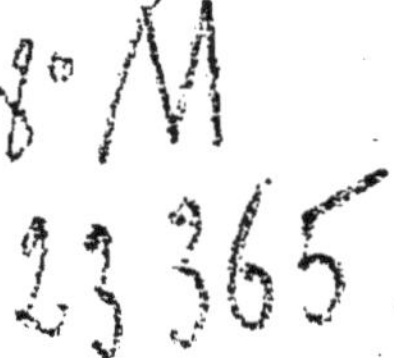

IL A ÉTÉ TIRÉ DE CET OUVRAGE POUR EN CONSTITUER L'ÉDITION ORIGINALE : QUARANTE EXEMPLAIRES SUR VERGÉ D'ARCHES A LA FORME, DONT DIX HORS COMMERCE, NUMÉROTÉS DE I A X ET DE 1 A 30 ;
CENT VINGT EXEMPLAIRES SUR VÉLIN PUR FIL BLANC, DES PAPETERIES LAFUMA, DE VOIRON, DONT VINGT HORS COMMERCE, NUMÉROTÉS DE A A T ET DE 31 A 130.

AVERTISSEMENT

Afin de rendre plus claire au lecteur l'*Autobiographie* de Léon Trotsky, les Editeurs ont pensé qu'il serait utile d'ajouter au texte un certain nombre de notes que le traducteur, Maurice-Parijanine, a bien voulu rédiger de la façon la plus objective possible.

Ces notes, dont, par suite de l'éloignement, la totalité n'a pu être soumise à Léon Trotsky, ne sauraient, en aucun cas, engager sa responsabilité.

Toutes les notes signées : N. d. T., sont du *traducteur*.

CHAPITRE PREMIER

1905 [1]

La grève d'octobre s'était déclenchée, on peut le dire, sans aucun plan. Elle commença par une grève de typos, à Moscou, puis s'apaisa. Les partis prévoyaient les batailles décisives pour le 9/22 janvier [2]. Voilà pourquoi, sans trop me hâter, je terminais mes travaux dans mon asile, en Finlande. Mais la grève occasionnelle, qui était déjà en liquidation, passa subitement aux chemins de fer, et alors elle prit le mors aux dents. A dater du 10 octobre, la grève, avec des mots d'ordre qui concernaient déjà la politique, se répand de Moscou au pays tout entier. Dans toute l'étendue du monde, on n'avait jamais vu de grève pareille. En bien des villes, il y eut, dans les rues, des collisions avec les troupes. Cependant, dans l'ensemble et au total, les événements d'octobre restaient au niveau d'une

---

1. Trotsky a consacré à cette année de la première révolution russe un ouvrage capital qui porte le même titre que ce chapitre (*1905*, édition française à la Librairie de l'Humanité, Paris, 1923). Au lieu de reprendre ici son exposé, il se borne à dégager quelques conclusions inspirées par l'expérience et par des faits beaucoup plus récents. Il nous a dit dans son *Avant-Propos* : « Je suis parti de cette hypothèse que les contours essentiels des grands événements seraient connus des lecteurs. » Il a écrit aussi : « Ceci est un livre de polémique. Il reflète la dynamique d'une vie sociale qui est toute établie sur des contradictions. » Avec ce chapitre, nous entrons tout à la fois dans la grande histoire et dans la polémique de Trotsky contre ses adversaires. — N. d. T.

2. Voir tome I, page 259. — N. d. T.

grève politique ; il n'y avait pas encore insurrection armée. Néanmoins, l'absolutisme, perdant la tête, céda. Le manifeste constitutionnel du 17/30 octobre fut promulgué. A vrai dire, le tsarisme, meurtri, gardait entre ses mains la machine du pouvoir. La politique gouvernementale, d'après une appréciation de Witte [1], fut plus que jamais « une combinaison de lâcheté, d'aveuglement, de perfidie et de bêtise. »

Et la révolution avait remporté une première victoire, incomplète, mais qui promettait.

« L'argument le plus sérieux de la révolution russe de 1905, écrivait plus tard le même Witte, consistait, bien entendu, en ce mot d'ordre des paysans : *donnez-nous la terre.* » Sur ce point, on pouvait être d'accord avec lui. Mais Witte continuait ainsi : « Quant au soviet des ouvriers, je ne lui attribuais pas tellement d'importance. Et il ne le méritait pas. » Cela prouve seulement que le plus éminent des bureaucrates ne comprit pas le sens d'événements qui étaient un dernier avertissement pour les classes dirigeantes. Witte mourut à temps pour n'être pas obligé de reviser ce qu'il avait pensé des soviets ouvriers.

Je parvins à Pétersbourg au plus fort de la grève d'octobre. Le mouvement ne cessait de s'élargir, mais il y avait danger qu'il échouât, n'étant pas encadré par une organisation de masse. J'arrivai de Finlande ayant établi le plan d'une organisation électorale sans-parti, qui compterait un délégué pour mille ouvriers. L'écrivain Iordansky [2],

---

1. S. J. Witte (1849-1915), (nommé comte par Nicolas II). Un des principaux hommes d'État sous le règne des deux derniers empereurs. Spécialiste des questions financières. Contribua à renforcer le capitalisme naissant en Russie en donnant cours à la monnaie-or, en accentuant le protectionnisme douanier et en organisant le monopole d'État de l'eau-de-vie *(vodka)*. A la fin de la guerre russo-japonaise, ce fut lui qui traita avec les vainqueurs. Président du conseil des ministres en 1905. Proposa des concessions aux partis révolutionnaires et rédigea le fameux manifeste constitutionnel du 17 octobre 1905. Dut abandonner bientôt toute activité politique. Auteur de Mémoires intéressants. — N. d. T.

2. N.-I. Iordansky (pseudonyme : Négorev) né en 1876. Adhéra à la social-démocratie en 1899. En 1903-1904, opta pour la fraction menchévique. Collabora à l'*Iskra* en 1904. En 1905, membre du comité exécutif du premier soviet de

qui devait être plus tard ambassadeur des Soviets en Italie, m'apprit, le jour même de mon arrivée, que les menchéviks avaient déjà lancé le mot d'ordre d'un organe électoral révolutionnaire ayant un délégué pour cinq cents ouvriers [1]. C'était juste. Ceux des membres du comité central bolchévik qui se trouvaient alors à Pétersbourg s'opposèrent résolument à une organisation électorale indépendante des partis, craignant qu'elle ne fît concurrence à la social-démocratie. Les ouvriers bolchéviks n'avaient pas du tout la même appréhension. Les sphères supérieures du bolchévisme se conduisirent en sectaires [2] à l'égard du soviet jusqu'à l'arrivée de Lénine qui eut lieu en novembre. On pourrait écrire un chapitre édifiant sur la direction que donnèrent les « léninistes » en l'absence de Lénine. Celui-ci était supérieur à ses disciples à un degré tellement incommensurable que, devant lui, ils se sentaient comme exemptés de la nécessité de résoudre par eux-mêmes les problèmes de théorie et de tactique. Leurs communications avec Lénine ayant été coupées à une minute critique, ils furent stupéfiants d'impuissance. Il en fut ainsi durant l'automne de 1905. Il en fut ainsi au printemps de 1917. En ces deux périodes comme en bien d'autres cas d'une moindre importance historique, les masses du parti saisissaient beaucoup plus justement, par intuition, la ligne à suivre que les demi-leaders livrés à eux-mêmes. Si Lénine rentra un peu trop tard de l'étranger, ce fut une des causes pour lesquelles la fraction bolchévique ne réussit pas à prendre une position dirigeante dans les événements de la première révolution.

Pétersbourg. De 1908 à 1910 et plus tard, partisan de Plékhanov et des « liquidateurs » (menchéviks qui espéraient donner à la social-démocratie une situation légale en Russie, en faisant des concessions). Dirigea plusieurs revues littéraires et politiques importantes. Après la révolution de mars 1917, commissaire du gouvernement provisoire au front du sud-ouest. Adhéra au parti communiste en 1921. Ambassadeur de l'U. R. S. S. en Italie de 1923 à 1924. — N. d. T.

1. Les élections se faisaient alors à plusieurs échelons ; les ouvriers élisaient un délégué qui devait faire partie d'un collège électoral, lequel... etc. — N. d. T.

2. En russe, ce mot signifie : esprits bornés. Nous dirions en français : esprit de petite chapelle, pour conserver l'idée d'une secte. — N. d. T.

J'ai déjà noté que N.-I. Sédova [1] avait été surprise par un encerclement de troupes de cavalerie, le 1er mai, à un meeting en forêt. Elle resta emprisonnée six mois et, ensuite, fut envoyée à Tver, sous le régime de haute surveillance de la police. Quand le manifeste d'octobre eut été promulgué [2], elle rentra à Pétresbourg. Sous le nom de Vikentiev, nous louâmes une chambre chez un monsieur, qui, comme nous l'apprîmes, spéculait à la Bourse. Ses affaires ne marchaient pas. Bien des spéculateurs furent alors obligés de vivre plus à l'étroit. Chaque matin, un vendeur nous apportait tous les journaux qui sortaient. Le principal occupant du logis les demandait parfois à sa femme, lisait et... grinçait des dents. Ses affaires se gâtaient de plus en plus. Un jour, il fit invasion dans notre chambre, secouant en l'air une feuille :

— Voyez ça, hurlait-il, le doigt planté sur l'article que je venais d'écrire : *Bonjour, dvornik de Pétersbourg* ! [3] Voyez ! Ils en viennent maintenant à soulever les garçons de cour ! Si je tenais ici ce bagnard-là, je tirerais sur lui avec ça !...

Il sortit de sa poche un revolver et le brandit en l'air. Il avait l'air d'un fou. Il lui fallait de l'assentiment. Ma femme vint à la rédaction me faire part de cette nouvelle inquiétante. Il eût fallu chercher un autre logement. Mais nous n'avions pas une minute de liberté. Et nous nous en remîmes à la destinée. C'est ainsi que nous vécûmes chez le boursier en détresse jusqu'au jour où je fus arrêté. Par chance, ni notre loueur, ni la police ne surent jamais quel était l'homme qui avait vécu sous le nom de Vikentiev.

---

1. Sur N. I. Sédova, qui fut la femme de Trotsky, voir pages 232 et ss., 260, 262 et 263 dans le tome premier. — N. d. T.

2. Voir note 1 page 10. — N. d. T.

3. A Moscou et à Pétersbourg, ainsi que dans les principales villes de province, le *dvornik* (garçon de cour) était un des personnages les plus effacés et les plus importants dans un immeuble. En grande majorité, les *dvorniki* étaient appointés par la police. Les révolutionnaires avaient donc intérêt à les circonvenir. Le garçon de cour, demi-concierge et demi-balayeur, était d'ailleurs un pauvre bougre. — N. d. T.

Après mon arrestation, il n'y eut même pas de perquisition dans notre logement.

Au soviet, je prenais la parole sous le nom de « Ianovsky », en souvenir du village où je suis né. Je signais mes articles « Trotsky ». Je dus collaborer à trois journaux. Avec Parvus, nous prîmes la tête de la petite *Rousskaïa Gazéta (Gazette russe)* dont nous fîmes un organe de combat pour les masses. En quelques jours, le tirage monta de 30.000 à 100.000 exemplaires. Un mois plus tard, la demande était d'un demi-million. Mais notre technique ne pouvait être à la hauteur de la demande. De cette difficulté nous ne pûmes sortir à la fin des fins que grâce à la débâcle gouvernementale. Le 13 novembre, nous fîmes bloc avec des menchéviks pour lancer un grand organe politique, *Natchalo* [1]. Le tirage de ce journal s'accroissait non de jour en jour, mais d'heure en heure. La *Novaïa Jizn* [2] des bolchéviks était plutôt terne en l'absence de Lénine. Par contre, *Natchalo* jouissait d'un formidable succès. Je pense que cette publication, plus qu'aucune autre en l'espace d'un demi-siècle, se rapprocha de son prototype classique *Die Neue Rheinische Zeitung*, qu'avait éditée Marx en 1848. Kaménev, qui appartenait alors à la rédaction de la *Novaïa Jizn*, m'a raconté plus tard que, voyageant en chemin de fer, il avait observé, dans les gares, la marche de la vente des derniers journaux reçus. A l'arrivée du train de Pétersbourg, des queues interminables de chalands se formaient. Les acheteurs ne voulaient que des publications révolutionnaires.

— *Natchalo ! Natchalo ! Natchalo !* criait-on.

Ensuite :

— *Novaïa Jizn !*

Et de nouveau :

— *Natchalo ! Natchalo ! Natchalo !...*

Et Kaménev m'a fait alors cet aveu :

---

1. *Natchalo* : le *Commencement*, le *Début*. — N. d. T.
2. *Novaïa Jizn* : la *Vie nouvelle*. — N. d. T.

— Je me disais, avec dépit : décidément, ceux de *Natchalo* écrivent mieux que nous...

Je ne collaborais pas seulement à la *Rousskaïa Gazéta* et à *Natchalo*. J'écrivais aussi des éditoriaux pour les *Izvestia* [1], organe officiel du soviet. Je rédigeai également de nombreux appels, manifestes et résolutions. Les cinquante-deux journées pendant lesquelles exista le premier soviet furent surchargées de travail à n'en plus pouvoir : réunions du soviet, comité exécutif, meetings incessants et trois journaux. Je ne vois pas moi-même bien clairement comment nous vécûmes dans ce remous de grandes eaux. Mais, dans le passé, bien des choses semblent inconcevables parce que les souvenirs ont perdu toute trace d'activité. On ne se voit plus soi-même que de loin. Cependant, en ces journées-là, nous fûmes suffisamment agissants. Non seulement nous tournions dans le remous, mais nous le provoquions. Tout se faisait à la va-vite, mais pas trop mal, et quelquefois très bien. Le rédacteur responsable, un vieux démocrate, le docteur D. M. Herzenstein, visitait de temps à autre la rédaction ; vêtu d'une impeccable redingote noire, il s'arrêtait au milieu de la salle de travail et considérait d'un œil curieux le chaos où nous nous débattions. Un an plus tard, il dut répondre devant les tribunaux des excès révolutionnaires du journal sur lequel il n'avait eu aucune influence. Ce vieil homme ne nous renia pas. Loin de là ! Les larmes aux yeux, il raconta aux juges comment, rédigeant le journal le plus populaire de tous, nous nous alimentions entre temps avec des pâtés secs que le gardien nous apportait, enveloppés dans du papier, de la boulangerie voisine. Le vieux dut faire un an de prison pour la révolution qui n'avait pas vaincu, pour la confrérie des émigrés et pour les pâtés secs.

Dans ses mémoires, Witte a écrit plus tard qu'en 1905 « l'immense majorité de la Russie perdit la tête en quelque

1. Les *Nouvelles*. Le même titre a été repris après la révolution de 1917. — N. d. T.

sorte ». La révolution n'apparaît, aux yeux d'un conservateur, comme une folie collective que parce qu'elle pousse aux dernières extrémités la démence « normale » des antagonismes sociaux. C'est ainsi que des gens refusent de se reconnaître dans une audacieuse caricature. Cependant, toute l'évolution moderne aggrave, tend, aiguise les antagonismes, les rend intolérables et, par conséquent, prépare une situation dans laquelle l'immense majorité « perd la tête ». Mais, en de pareils cas, c'est la folle majorité qui applique la camisole de force à la sage minorité. Et c'est ainsi que l'histoire peut avancer.

Le chaos d'une révolution n'est pas du tout celui d'un tremblement de terre ou d'une inondation. Dans le désordre révolutionnaire commence immédiatement à se former un nouvel ordre ; les gens et les idées se répartissent naturellement sur de nouveaux axes. La révolution ne paraît être une absolue folie qu'à ceux qu'elle balaye et renverse. Pour nous, la révolution a été l'élément natal, quoique fort agité. Tout y trouvait son heure et sa place. Certains arrivaient même à vivre encore de leur vie individuelle, à devenir amoureux, à faire de nouvelles connaissances, voire encore à fréquenter les théâtres révolutionnaires. Parvus goûta tellement une nouvelle pièce satirique alors jouée, qu'il acheta d'un coup cinquante billets pour la représentation suivante, dans le dessein de les envoyer à des amis. Il convient d'expliquer qu'il avait touché, la veille, le montant de ses droits d'auteur pour ses livres. Il fut arrêté et l'on trouva sur lui cinquante billets de théâtre. Les gendarmes se creusèrent longtemps la tête pour déchiffrer cette énigme révolutionnaire. Ils ignoraient que Parvus faisait toujours les choses largement.

Le soviet souleva de formidables masses. Tous les ouvriers, comme un seul homme, tenaient pour le soviet. Dans les campagnes, il y avait de l'agitation, de même que dans les troupes qui revenaient d'Extrême-Orient, après la paix de Portsmouth. Mais les régiments de la garde et les Cosaques étaient encore fermes partisans du régime. Tous les éléments d'une révolution victorieuse existaient en puissance, mais ils n'étaient pas encore mûris.

Le 18 octobre, lendemain du jour où fut promulgué le manifeste, il y eut, devant l'université de Pétersbourg, de nombreux milliers de manifestants, encore tout chauds de la lutte et enivrés de la première victoire. Je leur criai, du haut du balcon, que le demi-succès remporté n'était pas sûr, que l'on avait devant soi un ennemi inconciliable, qu'il y avait un piège à prévoir ; je déchirai le manifeste du tsar devant cette foule et en jetai les morceaux au vent. Mais de tels avertissements politiques ne font que de légères égratignures sur le sentiment des masses. Il faut qu'elles passent par l'école de plus grands événements.

Je me rappelle, à cette occasion, deux scènes de la vie du soviet de Pétersbourg.

La première eut lieu le 29 octobre. On ne parlait en ville que d'un pogrome préparé par les Cent-Noirs. Les députés ouvriers qui arrivaient directement des usines au soviet montraient à la tribune des modèles d'armes fabriquées pour combattre les réactionnaires. Ils brandissaient des couteaux finnois, des casse-têtes, des poignards, des garcettes en fil de fer, mais tout cela plutôt gaiement, et même avec des plaisanteries et des facéties populaires. Ils semblaient croire qu'il suffisait de leur volonté de résistance pour résoudre le problème. Dans leur grande majorité, ils n'avaient pas encore compris qu'il s'agissait d'une lutte à mort. Les journées de décembre devaient le leur apprendre.

Le soir du 3 décembre, le soviet de Pétersbourg fut cerné par les troupes. Toutes les issues furent closes. Du haut d'une galerie où le comité exécutif tenait séance, je criai vers ceux d'en bas (il y avait déjà là des centaines de députés) :

— Ne pas opposer de résistance ; ne pas rendre d'armes à l'ennemi !

On avait des armes de poche : des revolvers. Et alors,

dans la salle des séances, déjà bloquée de tous côtés par des détachements d'infanterie de la garde, de cavalerie et d'artillerie, les ouvriers se mirent à briser ces armes. Des mains expertes broyaient les brownings sur les mausers et les mausers sur les brownings. Et ce n'étaient plus là des blagues et badinages comme ceux du 29 octobre. Dans les tintements, cliquetis, grincements du métal qu'on brisait, on discernait aussi les grincements de dents d'un prolétariat éprouvant pour la première fois comme il convenait qu'il faudrait autre chose, un effort plus puissant et plus implacable pour renverser et écraser l'ennemi.

La demi-victoire de la grève d'octobre, indépendamment de son importance politique, eut pour moi une inappréciable signification théorique. Ce ne furent ni l'opposition de la bourgeoisie libérale, ni les soulèvements spontanés des paysans, ni les actes de terrorisme des intellectuels qui forcèrent le tsarisme à s'agenouiller : ce fut la grève ouvrière. L'hégémonie révolutionnaire du prolétariat s'avéra incontestable. J'estimai que la théorie de la révolution permanente venait de sortir avec succès de sa première grande épreuve. De toute évidence, la révolution ouvrait au prolétariat la perspective de la conquête du pouvoir. Les années de réaction qui allaient bientôt suivre ne purent m'obliger à abandonner ce point de vue. Mais j'en tirais aussi des conclusions pour l'Occident. Si telle était la force du jeune prolétariat en Russie, quelle ne serait pas la puissance révolutionnaire de l'autre prolétariat, celui des pays les plus cultivés ?

Lounatcharsky, avec l'inexactitude et la négligence qui lui sont propres, a, plus tard, caractérisé ainsi ma conception révolutionnaire :

« Le camarade Trotsky avait adopté — en 1905 — ce point de vue que les deux révolutions — bourgeoise et socialiste — sans coïncider, sont liées entre elles, de sorte que nous avons devant nous une révolution permanente. Etant entrée dans la période révolutionnaire par un coup d'État de la bourgeoisie, la portion russe de l'humanité, et, avec elle, le monde entier ne pourront sortir de cette période avant le parachèvement de la révolution sociale. On ne peut nier que le camarade Trotsky, en formulant de telles idées, ait fait preuve d'une grande perspicacité, bien qu'il se soit trompé pour une quinzaine d'années. »

La remarque faite au sujet de mon erreur portant sur une quinzaine d'années n'en est pas devenue plus profonde parce qu'elle a été reproduite par Radek. En 1905, toutes nos prévisions, tous nos mots d'ordre étaient calculés sur une perspective de victoire, et non de défaite, de la révolution. Nous ne parvînmes alors à réaliser ni la république, ni une réforme agraire, ni la journée de huit heures. Cela signifie-t-il que nous nous trompions quand nous formulions de telles revendications ? L'échec de la révolution ferma *toutes* les perspectives et non pas seulement celle que j'ai indiquée. Il ne s'agissait pas de fixer des délais ; il s'agissait d'analyser les forces intérieures de la révolution et d'en prévoir les progrès d'ensemble.

Que furent, en 1905, mes rapports avec Lénine ? Après sa mort, l'histoire officielle a été refaite : même pour 1905, on a établi qu'une lutte s'était produite entre deux principes, celui du bien et celui du mal. Qu'en fut-il en réalité ? Lénine ne participa point directement aux travaux du soviet, il n'y prit pas la parole. Inutile d'ajouter qu'il suivait attentivement chaque démarche du soviet, qu'il influençait sa politique par l'intermédiaire des représentants de la fraction bolchévique, qu'il expliquait l'action du soviet dans son journal. Sur aucune question Lénine ne se trouva en désaccord avec la politique du soviet. En outre, comme le prouvent les documents, toutes les décisions du soviet, sauf peut-être quelques-unes occasionnelles et peu importantes, furent rédigées par moi, soumises par moi au comité exécutif et rapportées par moi-même, au nom du comité, devant le soviet. Lorsque se constitua une commission fédérative de délégués des bolchéviks et des menchéviks, c'est encore moi qui eus charge de parler au nom de la commission devant le comité exécutif. Et aucun conflit ne se produisit alors.

Le premier président du soviet fut élu à la veille de mon arrivée de Finlande : c'était le jeune avocat Khroustalev, figure épisodique dans la révolution, qui occupa une place intermédiaire entre celle de Gapone et la social-démocratie. Khroustalev présidait, mais ne donnait pas de direction politique. Après son arrestation, un nouveau bureau fut élu, à la tête duquel je me trouvai.

Svertchkov, un de ceux qui furent assez remarqués parmi les membres du soviet, écrit dans ses souvenirs :

« La direction idéologique du soviet vint de L. D. Trotsky. Le président, Nossar-Khroustalev, servit plutôt de paravent, car il n'était pas capable de résoudre personnellement une seule question de principe. En proie à un amour-propre maladif, il prit en haine L. D. Trotsky précisément parce qu'il dut demander constamment à ce dernier des conseils et des indications. »

D'autre part, Lounatcharsky relate ceci dans ses mémoires :

« Je me rappelle que, quelqu'un ayant dit en présence de Lénine : « L'étoile de Khroustalev est à son déclin, et l'homme fort du soviet est actuellement Trotsky », Lénine parut s'assombrir une seconde, puis déclara : « Pourquoi pas ? Trotsky a conquis cette situation par un labeur inlassable et brillant. »

Les rapports entre les deux rédactions étaient des plus amicaux. Il n'y eut aucune polémique entre elles. On lut dans la *Novaïa Jizn* des bolchéviks :

« Le premier numéro de *Natchalo* vient de paraître. Nos félicitations à notre compagnon de lutte. A signaler, dans ce premier numéro une brillante description de la grève de novembre, due au camarade Trotsky. »

Ce n'est pas ainsi qu'on écrit quand on est en bataille. Mais nous ne nous combattions pas. Bien au contraire, nos journaux se défendaient mutuellement contre la critique bourgeoise. Lénine était déjà arrivé quand la *Novaïa Jizn* prit la défense de mes articles sur la révolution permanente. Nos journaux, de même que nos fractions, tendaient à la fusion. Le comité central des bolchéviks, avec la participation de Lénine, adopta à l'unanimité une résolution dans laquelle il était dit, en substance, que la scission n'avait pu être que le résultat des conditions spéciales de l'émigration et que les événements de la révolution avaient détruit toute base de lutte entre fractions. Ce fut aussi la ligne que je défendis dans *Natchalo*, contre la résistance passive de Martov.

Sous la pression des masses, les menchéviks membres du soviet, au cours de la première période, se rangèrent tant qu'ils purent à l'aile gauche. Ils ne firent volte-face qu'après le premier coup porté par la réaction. En février 1906, le leader des menchéviks, Martov, se lamentait dans une lettre à Axelrod :

« Voici déjà deux mois... que je ne parviens à terminer aucun des travaux commencés... Je ne puis dire si c'est de la neurasthénie ou de la fatigue psychique, mais je n'ai pas pu me rendre maître de mes pensées. »

Martov ne savait comment nommer sa maladie. Or, elle avait un nom bien déterminé : *le menchévisme*. En temps de révolution, l'opportunisme est avant tout traduit par de l'effarement et par de l'incapacité à « maîtriser les idées ».

Lorsque les menchéviks déclarèrent publiquement qu'ils se repentaient et condamnèrent la politique qui avait été suivie par le soviet, je défendis cette politique dans la presse russe, puis dans la presse allemande et dans la revue polonaise de Rosa Luxembourg. De cette lutte pour les méthodes et les traditions de 1905 résulta un livre que j'intitulai d'abord : *La Russie en révolution* et qui a ensuite été réédité, tant en Russie qu'en divers pays, sous ce titre : « *1905* ». Après la révolution d'Octobre, cet ouvrage devint une sorte de manuel d'histoire non seulement en Russie, mais dans les partis communistes d'Occident. C'est seulement après la mort de Lénine, lorsque s'engagea une campagne soigneusement préparée contre moi, que mon livre sur l'année 1905 tomba sous la fusillade. On se borna d'abord à émettre certaines observations, à me chercher chicane sur de pauvres choses sans intérêt. Mais, peu à peu, la critique s'enhardit, s'étendit, multiplia, se compliqua, devint insolente et d'autant plus bruyante qu'elle avait à couvrir la voix de ses propres inquiétudes. C'est ainsi qu'après coup l'on créa la légende d'un conflit entre Lénine et Trotsky, sur les lignes qui étaient à suivre pendant la révolution de 1905.

Cette révolution causa une brisure dans la vie du pays, dans la vie du parti et dans ma vie personnelle. Brisure dans le sens d'une plus grande maturité.

Mon premier travail révolutionnaire, à Nikolaïev, avait été une expérience provinciale, faite à tâtons. Pourtant, cette épreuve ne fut pas sans profit. Jamais peut-être, au cours de toutes les années qui suivirent, je n'eus l'occasion de prendre contact avec les ouvriers de la base aussi intimement qu'à Nikolaïev. Je n'avais pas encore ce qu'on appelle « un nom » et rien ne me distinguait d'eux. Les principaux types qui caractérisent le prolétariat russe s'imposèrent alors à mon esprit, et ce fut pour toujours. Dans la suite, je ne rencontrai plus guère que des variétés de l'espèce. En prison, je dus entreprendre l'étude des doctrines révolutionnaires en débutant presque par l'A. B. C. Deux années et demie de détention, deux années de déportation me donnèrent la possibilité d'établir les bases théoriques d'une philosophie révolutionnaire. La première émigration me fut une haute école de politique. Sous la direction de marxistes-révolutionnaires éminents, j'appris à considérer les événements selon de grandes perspectives historiques et en fonction des rapports internationaux. Vers la fin de cette période d'émigration, je me séparai tout à la fois des deux groupes dirigeants : bolchéviks et menchéviks.

Je rentrai en Russie en février 1905 ; les autres leaders émigrés ne revinrent qu'en octobre et en novembre. Parmi les camarades russes [1], pas un qui pût alors m'enseigner quelque chose. Bien au contraire, je me trouvai dans la situation d'un maître. Les événements de cette année tumultueuse se précipitaient l'un après l'autre. Il fallait prendre position sur-le-champ. A peine écrite, une proclamation était portée à l'imprimerie clandestine. Les principes théoriques établis en prison et sur les lieux de déportation, les méthodes politiques acquises dans l'émigration trouvaient maintenant, pour la première fois, leur application immédiate dans le combat. Je sentais en moi de l'assurance devant les événements. J'en comprenais le mécanisme, — du moins me semblait-il, — je me représentais quelle devait en être l'action sur la conscience ouvrière et je prévoyais dans les grandes lignes ce que serait le lendemain. De février à octobre, ma participation fut surtout d'ordre littéraire. En octobre, je me jetai brusquement dans le formidable remous, qui, pour moi personnellement, était la plus sérieuse épreuve. C'est sous le feu qu'il fallait prendre des décisions. Je ne puis me dispenser de noter ici que je réussissais à les prendre comme des déterminations qui s'imposaient d'elles-mêmes. Je ne me retournais pas pour savoir ce qu'en diraient d'autres, j'avais rarement la faculté de consulter quelqu'un, — tout se faisait à la hâte. Plus tard, c'est avec étonnement et aversion que je vis le plus intelligent des menchéviks, Martov, se laisser constamment surprendre par les grands événements et en rester déconcerté. Sans y réfléchir (il me restait trop peu de temps pour m'examiner moi-même), je sentis, organiquement, que j'avais dépassé l'âge de la scolarité. Non en ce sens qu'alors j'aie cessé d'étudier : non pas, car le besoin d'apprendre et le zèle me sont restés, dans toute leur intensité et leur fraîcheur, jusqu'à ce jour. Mais,

1. C'est-à-dire qui résidaient en Russie, qui n'avaient pas émigré. (Voir tome I, note 1, page 246). — N. d. T.

à partir d'un certain moment, je poursuivis mes études en maître, et non plus en élève. Lorsque je fus arrêté pour la deuxième fois, j'avais vingt six ans. Et c'est le vieux Deutch qui reconnut ma maturité : en prison avec moi, il renonça solennellement à me dire « jeune homme » et m'appela par mon prénom et nom patronymique.

Lounatcharsky, dans un livre intitulé *Silhouettes*, que j'ai déjà cité, et qui est maintenant interdit, apprécie comme il suit le rôle des leaders de la première révolution :

« Sa popularité [Trotsky] dans le prolétariat de Pétersbourg était très grande à l'époque de son arrestation et s'accrut en résultat de sa conduite exceptionnellement brillante [?] et héroïque [?] devant le tribunal. Je dois dire que Trotsky, entre tous les leaders social-démocrates de 1905-1906, se montra indubitablement, malgré sa jeunesse, le mieux préparé ; moins que tout autre il portait la marque d'une certaine étroitesse d'esprit due à l'émigration, étroitesse dont Lénine, comme je l'ai déjà dit, n'avait pu lui-même encore se défaire ; Trotsky sentait mieux que d'autres ce que c'est qu'une lutte politique. Et il sortit de la révolution avec le plus fort acquis de popularité : en somme, ni Lénine ni Martov n'avaient rien gagné en ce sens. Plékhanov avait beaucoup perdu, par suite des tendances à demi cadettes qu'il avait manifestées. Trostky fut, dès lors, au premier rang. »

Ces lignes tracées en 1923 sont d'autant plus significatives que Lounatcharsky, à l'heure présente, écrit exactement le contraire ; conduite qui de sa part n'a rien de très « brillant », ni de très « héroïque ».

On ne conçoit pas qu'une grande œuvre puisse être accomplie sans intuition, c'est-à-dire sans cette perspicacité subconsciente que les travaux théoriques et pratiques peuvent développer et enrichir, mais qui doit être avant tout un don de nature. Ni l'instruction théorique, ni la routine dans la pratique ne peuvent tenir lieu du coup d'œil qui permet à l'homme politique de démêler une situation, de l'apprécier dans son ensemble et d'en prévoir les suites. Cette faculté spéciale acquiert une importance décisive dans les périodes de poussées violentes, de bouleversements, autrement dit en temps de révolution. Les événements de 1905 ont révélé, me semble-t-il, en moi cette intuition révolutionnaire sur laquelle j'allais ainsi pouvoir m'appuyer dans la suite. Je noterai ici-même que les fautes que j'ai commises, si graves qu'elles aient été, — et il y en eut d'une très grosse importance, — se rapportaient toujours à des questions subsidiaires d'organisation ou de tactique, mais non pas aux problèmes essentiels, non pas à la stratégie. Dans l'appréciation d'une situation politique en son ensemble et de ses perspectives révolutionnaires, je ne puis, en conscience, me reprocher aucune erreur sérieuse.

Pour la Russie, la révolution de 1905 fut la répétition générale de 1917. Et elle eut la même signification pour moi personnellement. Je m'engageai dans les événements de 1917 avec résolution et en toute assurance parce que je n'y voyais que la continuation et le développement de l'œuvre interrompue par l'arrestation des membres du soviet de Pétersbourg, le 3 décembre 1905.

Nous fûmes appréhendés le lendemain de la publication de ce qu'on a appelé notre « manifeste financier », dans lequel était annoncée l'inévitable faillite du régime tsariste : on donnait catégoriquement à savoir que les dettes des Romanov ne seraient pas reconnues par le peuple, le jour où il remporterait la victoire.

Le manifeste du soviet des députés ouvriers déclarait nettement ceci :

« L'autocratie n'a jamais joui de la confiance du peuple et n'a pas été fondée par lui en pouvoirs. En conséquence, nous décidons que nous n'admettrons pas le paiement des dettes sur tous emprunts que le gouvernement du tsar aura conclus alors qu'il était en guerre ouverte et déclarée avec tout le peuple. »

La Bourse de Paris devait répliquer, quelques mois plus tard, à notre manifeste en accordant au tsar un nouvel emprunt de sept cent cinquante millions de francs. La presse de la réaction et des libéraux se gaussait des impuissantes menaces du soviet à l'égard des finances tsaristes et des banquiers d'Europe. Ensuite, on tâcha d'oublier le manifeste. Mais il devait rentrer de lui-même dans les mémoires. La banqueroute financière du tsarisme, préparée par tout le passé, éclata en même temps que la débâcle militaire. Et, après la victoire de la révolution, un décret du conseil des commissaires du peuple, en date du 10 février 1918, déclara purement et simplement annulées toutes les dettes du tsar. Ce décret est encore en vigueur. Ils ont tort, ceux qui affirment que la révolution d'Octobre ne reconnaît aucune obligation. La révolution reconnaît fort bien *ses obligations à elle.* L'engagement qu'elle avait pris le 2 décembre 1905, elle l'a tenu le 10 février 1918. Elle a absolument le droit de dire aux créanciers du tsarisme : « Messieurs, vous avez été prévenus en temps opportun ! »

Sous ce rapport comme sous tous les autres, 1905 avait préparé 1917.

CHAPITRE II

JUGEMENT, DÉPORTATION, ÉVASION

Un deuxième cycle commençait dans la série de mes prisons. Je l'endurai beaucoup plus aisément que le premier ; au surplus, les conditions de détention étaient incomparablement plus douces que huit ans auparavant. Je fus enfermé quelque temps dans une geôle de *Kresty*, puis dans la forteresse Pierre-et-Paul, et enfin dans la maison de détention préventive. Avant de nous expédier en Sibérie on nous fit encore passer par le dépôt des déportés. Au total, nous en eûmes pour quinze mois. Chacune de ces prisons avait des particularités auxquelles il fallait se faire. Mais il serait fastidieux d'en parler car, si différentes en apparence qu'elles soient, toutes les prisons sont les mêmes. Le temps revint où je pus m'occuper méthodiquement de travaux scientifiques et littéraires. Je m'appliquai à l'étude de la rente agraire et à l'histoire des rapports sociaux en Russie. Un grand ouvrage que je composai sans le terminer sur la rente agraire s'égara par la suite, dans les premières années qui suivirent la révolution d'Octobre. Ç'a été pour moi la perte la plus pénible après la destruction de mon étude sur la franc-maçonnerie. Quant à mes recherches sur l'histoire sociale de la Russie, elles aboutirent à un article intitulé : *Résultats et perspectives* qui constitue, pour cette période, l'argument le plus achevé de la théorie de la révolution permanente.

Quand on nous eut transférés à la maison de détention préventive, nos avocats obtinrent le droit de visite. La Ire Douma avait rendu de l'animation à la vie politique. Les journaux parlèrent avec une nouvelle hardiesse. Les entreprises d'éditions des marxistes se réveillèrent. Il fut possible de revenir à des travaux de publicistes combatifs. J'écrivis beaucoup en prison ; les avocats emportaient les manuscrits dans leurs serviettes. A cette période se rattache mon pamphlet : *Pierre Strouvé dans la politique*. J'y travaillai avec tant de fougue que la promenade quotidienne dans la cour me contrariait comme une vexation. Cet ouvrage, dirigé contre le libéralisme, était au fond un plaidoyer pour le soviet de Pétersbourg, pour l'insurrection de décembre à Moscou et, en général, pour la politique révolutionnaire, contre les critiques de l'opportunisme. La presse bolchévique accueillit le pamphlet mieux qu'avec de la sympathie. La presse menchévique n'en souffla mot. Cet écrit fut répandu à des dizaines de milliers d'exemplaires en quelques semaines.

Mon compagnon de détention, D. Svertchkov, exposait ainsi, plus tard, les faits de cette période, dans son livre : *A l'aube de la Révolution* :

« L. D. Trotsky écrivait au courant de la plume et livrait par fragments à l'impression son livre : *La Russie et la Révolution* dans lequel il formula pour la première fois avec netteté cette idée que la révolution commencée en Russie ne pourrait s'arrêter tant qu'on ne serait pas parvenu à un régime socialiste. Sa théorie de la « révolution permanente », terme qui fut adopté pour exprimer cette idée, ne fut alors admise par à peu près personne. Cependant, Trotsky restait fermement sur ses positions et discernait déjà, dans la situation des différents Etats du monde, tous les symptômes d'une décomposition de l'économie bourgeoise-capitaliste et la proximité relative de la révolution socialiste... »

Svertchkov continue ainsi :

« La cellule de Trotsky se transforma bientôt en une sorte de bibliothèque. On lui faisait passer absolument tous les livres qui méritaient quelque attention. Il les lisait et, toute la journée, du matin jusque tard dans la nuit, il s'occupait de travaux littéraires. « Je me porte à merveille, disait-il. Je suis là à travailler, sachant fort bien qu'on ne viendra plus m'arrêter... Convenez-en, dans les limites de la Russie tsariste, c'est une sensation assez rare... »

Pour me délasser, je lisais les classiques de la littérature européenne. Etendu sur ma couchette de prisonnier, je m'enivrais d'eux : délice physique qui doit être celui des gourmets quand ils sifflent des vins fins ou sucent des cigares aromatiques. C'étaient mes meilleures heures. Il reste des témoignages de ces études, sous forme d'épigraphes et de citations, dans tous mes écrits de cette période. C'est alors que, pour la première fois, je fis connaissance de près avec les « grands seigneurs »[1] du roman français. L'art du récit est avant tout un art français. Je crois savoir l'allemand un peu mieux que le français, surtout dans le domaine de la terminologie scientifique ; mais je lis plus aisément les œuvres de pure littérature des écrivains français que celles des Allemands. J'ai gardé jusqu'à ce jour ma prédilection pour le roman français. Même au temps de la guerre civile, je trouvais, en wagon, des heures pour parcourir les dernières nouveautés de la littérature française.

En fin de compte, je ne puis me plaindre de mes prisons. Elles furent pour moi une bonne école. Je quittai ma cellule solidement verrouillée de la forteresse Pierre-et-Paul avec un certain regret : il y régnait un tel calme, un silence toujours si égal !... On y était idéalement bien pour un travail intellectuel.

Par contre, la maison de détention préventive était bondée de gens, pleine de vaine agitation. Il s'y trouvait un bon nombre de condamnés à mort : les actes de terrorisme et les expropriations à main armée s'étaient multipliés dans le pays. Le régime de l'établissement était libéral, eu

---

1. En français dans le texte. — N. d. T.

égard à la Ire Douma ; les cellules n'étaient pas fermées dans la journée ; les promenades se faisaient en commun. Nous passions des heures à jouer avec entrain à saute-mouton : les condamnés à mort sautaient et tendaient le dos tout comme les autres. Ma femme venait me voir deux fois par semaine. Les gardiens de service fermaient les yeux sur nos échanges de lettres et de manuscrits. L'un d'eux, qui était déjà assez âgé, nous traitait particulièrement bien. Sur sa demande, je lui fis cadeau de mon livre et de ma photographie, avec une dédicace.

— Mes filles sont des étudiantes, chuchotait-il d'un air ravi, et il m'adressait un clin d'œil de complice.

J'ai rencontré cet homme après l'instauration du pouvoir soviétiste et j'ai fait ce qui dépendait de moi pour l'aider en des années de famine.

Parvus se promenait avec le vieux Deutch dans le préau. Fréquemment, je me joignais à eux. Il existe une photographie où l'on nous voit tous trois dans la cuisine de la prison. L'infatigable Deutch cherchait à organiser l'évasion d'un groupe, il avait facilement conquis Parvus à son idée et il me persuadait avec insistance de me joindre à eux. Je résistais, étant séduit par l'importance politique du procès qui allait s'ouvrir. Mais trop nombreux furent les adhérents. Dans la bibliothèque de la prison, qui servait de centre d'opérations, un surveillant découvrit un trousseau d'instruments de serrurerie. A vrai dire, l'administration étouffa l'affaire, soupçonnant les gendarmes d'avoir manigancé pour provoquer un changement de régime dans la maison. Cependant, Deutch, pour s'évader une quatrième fois dans sa vie, dut partir de Sibérie et non de la geôle de Pétersbourg.

Le fractionnement du parti se manifesta de nouveau avec violence après la défaite de décembre. La dissolution de la Douma souleva derechef tous les problèmes de la révolution. Je consacrai à l'étude de ces questions une brochure concernant la tactique à suivre, que Lénine publia aux éditions des bolchéviks. Les menchéviks battaient déjà en retraite sur toute la ligne. Pourtant, les dissensions fractionnelles n'eurent pas, dans les prisons, l'acuité qu'elles avaient prise au dehors. C'est pourquoi nous eûmes la possibilité de mettre au jour collectivement un ouvrage auquel collaborèrent encore les menchéviks.

Le procès du soviet des députés ouvriers s'ouvrit le 19 septembre, sous la lune de miel des cours martiales de Stolypine. La cour du Palais de Justice et les rues avoisinantes avaient été transformées en camp retranché. Toutes les forces de police de Pétersbourg étaient sur pied. Mais le procès fut mené assez librement : la réaction voulait compromettre définitivement Witte, révélant son « libéralisme » et ses faiblesses à l'égard de la révolution. Environ quatre cents témoins furent cités, dont plus de deux cents vinrent déposer. Ouvriers, fabricants, gendarmes, ingénieurs, domestiques, simples habitants de la ville, journalistes, employés des postes et télégraphes, maîtres de police, élèves des gymnases, conseillers municipaux, garçons de cour, sénateurs, voyous, députés, professeurs et soldats défilèrent pendant un mois devant le tribunal, et, sous les feux croisés qui partaient des fauteuils des juges, de ceux des procureurs, des chaises de la défense et des bancs des accusés, — — surtout de ce côté-ci, — ils reconstituèrent ligne par ligne, trait par trait, l'époque de l'activité du soviet ouvrier. Les accusés donnèrent leurs explications. Je parlai du rôle d'une insurrection armée dans une révolution. Le but principal fut ainsi atteint. Le tribunal s'étant refusé à citer sur notre demande le sénateur Lopoukhine, qui, pendant l'automne de 1905, avait ouvert, au département de la police, une imprimerie pogromiste, nous fîmes défaut et demandâmes à être renvoyés en prison. Aussitôt après nous, les avocats, les témoins et le public quittèrent l'audience. Les juges restèrent en tête à tête avec le procureur. C'est en notre absence qu'ils rapportèrent leur sentence. Le compte-rendu sténographique de ce procès exceptionnel, qui dura un mois, n'a pas été publié jusqu'à présent, et, ce me semble, n'a même pas été retrouvé. J'ai raconté tout l'essentiel de l'affaire dans mon livre : « *1905* ».

Mon père et ma mère assistèrent au procès. Leurs pensées et leurs sentiments étaient de double sorte. Ils ne pouvaient déjà plus s'expliquer ma conduite comme une suite d'enfantillages, ainsi qu'ils l'avaient fait du temps de mon séjour dans le jardin de Chvigovsky, à Nikolaïev. J'étais maintenant rédacteur en chef de journaux, président du soviet, j'avais un nom comme écrivain. Cela leur imposait. Ma mère entrait en conversations avec les défenseurs, tâchant d'entendre d'eux, encore et encore, des propos flatteurs pour moi. Lorsque je prononçai mon discours, dont le sens ne pouvait être tout à fait clair pour ma mère, elle versa des larmes silencieuses. Elle pleura plus fort quand une vingtaine d'avocats vinrent, l'un suivant l'autre, me serrer la main. Un des défenseurs avait justement réclamé une suspension d'audience, qu'il motivait par l'émotion générale. C'était A. S. Zaroudny. Plus tard, dans le cabinet Kérensky, il devait être le ministre de la Justice, et il me tint en prison comme inculpé de haute trahison. Mais dix ans s'étaient écoulés...

Durant la suspension d'audience, mes parents me regardaient d'un air heureux. Non seulement ma mère était persuadée que l'on m'acquitterait, mais elle s'attendait à me voir conférer je ne sais quelle distinction. Je lui assurais qu'il fallait prévoir les travaux forcés. Epouvantée, perplexe, elle considérait tour à tour les défenseurs et moi, se demandant comment une pareille fin serait bien possible. Mon père était pâle, silencieux, heureux et abattu tout à la fois.

Nous fûmes condamnés à la privation de tous droits civils et à la déportation. La sentence était relativement douce. Nous nous attendions aux travaux forcés. Cependant, la déportation n'était plus du tout la mesure administrative que j'avais subie la première fois. Elle devait être perpétuelle ; toute tentative d'évasion devait être punie de trois ans de travaux forcés. Les quarante-cinq coups de fouet qu'on infligeait en outre aux fuyards avaient été supprimés depuis deux ou trois ans.

J'écrivais à ma femme, le 3 janvier 1907 :

« Voilà déjà deux ou trois heures que nous sommes enfermés dans la prison de déportation. Je l'avoue, c'est avec une certaine inquiétude nerveuse que j'ai quitté ma cellule de détention préventive. J'étais si bien habitué à cette petite cabine dans laquelle j'avais la possibilité de travailler. A la maison de déportation, nous savions qu'on nous mettrait dans une chambre commune, — et que peut-il y avoir de plus fatigant ? Ensuite, ce serait la boue, les allées et venues et tous les tracas du voyage par étapes que je connais si bien. Qui sait combien de temps s'écoulera avant que nous n'arrivions à destination ? Et qui pourrait prédire à quelle époque nous en reviendrons ? Ne vaudrait-il pas mieux rester enfermé comme devant dans la cellule n° 462, lire, écrire et... attendre ?...

« On nous a transférés ici subitement, sans nous prévenir. Dans la salle d'écrou, on nous a obligés à revêtir le costume des détenus. Nous avons accompli cette formalité avec une curiosité d'écoliers. Il nous était intéressant de nous voir en pantalon gris, souquenille grise, bonnet gris. Cependant, nous ne portons pas sur le dos la marque classique, l'as de carreau. On nous a permis de garder notre linge et nos chaussures. Nous sommes entrés en bande fort animée, attifés de ces nouveaux vêtements, dans la chambre qui nous attendait... »

Il n'était pas d'une petite importance pour moi d'avoir pu garder mes chaussures : j'avais un excellent passeport dans une de mes semelles et des pièces d'or dans mes hauts talons.

Notre destination à tous était le bourg d'Obdorsk, bien au-dessus du cercle polaire. Du chemin de fer à cet endroit, on compte mille cinq cents verstes ; la distance jusqu'à la plus proche station télégraphique est de huit cents verstes. Le courrier n'arrive que tous les quinze jours. Pendant la débâcle, au printemps et en automne, le service de la poste est complètement interrompu durant six semaines ou deux mois.

En cours de route, on prit à notre égard des mesures exceptionnelles. On n'avait guère confiance dans les gardiens qui nous convoyèrent à partir de Pétersbourg. Et, en effet, le sou-off' qui était de faction, sabre au clair, dans notre wagon de détenus, nous déclamait des poésies révolutionnaires tout récemment parues. Dans la voiture voisine, il y avait un peloton de gendarmes qui encerclaient notre wagon à chaque station. En même temps, les autorités pénitentiaires nous traitaient avec les plus grandes prévenances : car les poids de la révolution et de la contre-révolution oscillaient encore et l'on ne savait quel plateau de la balance prendrait sur l'autre. L'officier qui commandait le convoi commença par nous montrer un papier de ses chefs qui l'autorisait à ne pas nous passer les menottes, mesure pourtant exigée par la loi.

Le 11 janvier, j'écrivais à ma femme :

« Si l'officier de l'escorte est prévenant et poli, que dire des soldats ? Presque tous ont lu le compte-rendu de notre procès et ils nous donnent les marques de la plus vive sympathie... Jusqu'à la dernière minute, les soldats ne savaient quelles gens ils devaient conduire, ni dans quelle direction. A en juger par les mesures de prudence dont leur départ subit fut entouré quand on les amena de Moscou à Pétersbourg, ils croyaient devoir nous escorter jusqu'à Schlusselbourg, pour exécution capitale. Dans la salle d'écrou de la prison de déportation, j'ai remarqué que les hommes de l'escorte étaient très émus et d'une obligeance étrange, comme s'ils se sentaient un peu coupables. Ce n'est qu'en wagon que j'en ai connu la raison. Comme ils furent heureux quand ils se surent en présence des « députés ouvriers » qui n'étaient condamnés qu'à la déportation.

« Les gendarmes, dont le rôle est, en quelque sorte, de convoyer l'escorte, ne se montrent pas du tout dans notre wagon. Ils font seulement la garde extérieure ; ils entourent la voiture, se mettent en sentinelles devant les portières, et sans doute, surveillent surtout les soldats de l'escorte. »

Nos lettres, en cours de route, étaient secrètement jetées à la boîte par les soldats.

Jusqu'à Tioumen, nous eûmes le chemin de fer. De là, nous partîmes en voiture. Pour quatorze déportés, il y avait cinquante-deux soldats d'escorte, sans compter le capitaine, un commissaire et un brigadier de police rurale. Tous ensemble, nous occupions environ quarante traîneaux. De Tioumen par Tobolsk, nous suivîmes le cours de l'Obi.

« Chaque jour, écrivais-je à ma femme, nous parcourons, en ces derniers temps, environ quatre-vingt-dix ou cent verstes vers le nord, c'est-à-dire que nous nous déplaçons presque d'un degré. Par suite de ce mouvement ininterrompu, les apparences de la civilisation, — s'il peut être ici question de civilisation, — s'effacent les unes après les autres. Chaque jour nous descendons d'une marche dans le royaume du froid et de la sauvagerie. »

Après avoir traversé des régions où sévissait le typhus, nous atteignîmes, le 12 février, trente-troisième jour de notre voyage, Bérézov où avait été déporté jadis le prince Menchikov, compagnon de lutte de Pierre [1]. Nous eûmes une halte de deux jours en cet endroit. Il nous restait encore à faire un trajet de cinq cents verstes environ jusqu'à Obdorsk. Nous nous promenions en liberté. A une telle distance, les autorités ne craignaient pas d'évasion. Il n'y avait qu'une seule route pour le retour, celle qui suit le cours de l'Obi et que longe la ligne télégraphique : tout évadé aurait été bientôt rattrapé.

A Bérézov vivait un déporté, l'arpenteur Rochkovsky. Je le consultai sur les chances d'une fuite. Il me dit qu'on pouvait tenter l'entreprise en se dirigeant directement vers l'ouest, le long de la rivière Sosva, du côté de l'Oural ; avec

---

1. Le prince Menchikov, qui collabora à la tâche historique de Pierre le Grand, fut le favori de Catherine Ire. Exilé à Bérézov, sous le règne de l'impératrice Anne, il y mourut en 1729. Son adversaire, Ostermann, disgrâcié à son tour, mourut aussi à Bérézov, en 1747. On montre encore leurs tombes dans le cimetière de l'endroit. — N. d. T.

un attelage de rennes, on gagnerait les usines métallurgiques, on devait parvenir à l'usine Bogoslovsky que relie un decauville à la grande ligne de Perm, station Kouchva. De là, Perm, Viatka, Vologda, Pétersbourg, Helsingfors...

Cependant, le long de la Sosva, il n'y a pas de routes. Au delà de Bérézov, on tombe dans des lieux sauvages, inhabités. Aucune police sur des milliers de verstes ; pas un cantonnement russe ; de loin en loin quelques iourtas [1] d'Ostiaks [2] ; inutile de parler de télégraphe ; pas même de chevaux ; le trafic se fait exclusivement avec des rennes. Les poursuivants ne vous rejoindraient pas. Mais il y avait le risque de se perdre dans le désert, de périr dans les neiges. Et l'on était en février, mois des bourrasques hivernales...

Un vieux révolutionnaire, qui faisait partie de notre groupe de déportés, le docteur Feit, m'apprit à simuler une sciatique, ce qui me permettrait de rester quelques jours de plus à Bérézov. Je me tirai avec succès de cette partie secondaire du programme. On sait qu'il est impossible de vérifier une sciatique. On me mit à l'hôpital. J'y trouvai un régime d'absolue liberté. J'en sortais des heures entières, lorsque je me sentais « mieux ». Le médecin encourageait mes promenades. Personne, je le répète, ne craignait une évasion de Bérézov en cette saison. Il fallait prendre une décision. Je me prononçai pour la direction de l'ouest : tout droit vers l'Oural.

Rochkovsky consulta un paysan de l'endroit, connu sous le sobriquet de « Pied-de-Chèvre ». Ce petit bonhomme, sec et raisonnable, fut l'organisateur de l'évasion Il agit avec un parfait désintéressement. Lorsque le rôle qu'il avait joué fut révélé, il fut cruellement châtié. Après la révolution d'Octobre, *Kozia Nojka* (Pied-de-Chèvre) ne sut pas de sitôt

---

1. Primitives habitations, tentes formées de quelques perches disposées en cône, et couvertes de peaux ou de feutre. — N. d. T.

2. Peuplades nomades de race finno-ougrienne, cantonnées dans l'Extrême-Nord de la Russie d'Europe et dans le Nord-Ouest de la Sibérie. — N. d. T.

que c'était bien moi qu'il avait aidé à fuir dix ans auparavant. C'est seulement en 1923 qu'il vint me voir à Moscou, et la rencontre fut chaleureuse. On le revêtit de l'uniforme de parade de l'Armée rouge, on le mena dans divers théâtres, on lui fit cadeau d'un phonographe et d'autres objets. Le vieux mourut peu après, dans son Extrême-Nord.

Pour partir de Bérézov, il fallait un attelage de rennes. L'important de l'affaire était de trouver un guide qui, en cette saison, consentît à s'engager dans une voie peu sûre. *Kozia Nojka* trouva un Zyriane, adroit et expérimenté, comme la plupart de ceux de cette tribu.

— Mais, n'est-ce pas un ivrogne ?

— Comment, pas un ivrogne ? Un ivrogne invétéré. Mais il parle couramment le russe, le zyriane et les deux dialectes ostiaques, celui d'aval et celui d'amont, qui ne se ressemblent presque pas. Vous ne trouverez pas un pareil conducteur : c'est un déluré.

C'est ce même « déluré » qui trahit dans la suite *Kozia Nojka.* Mais il avait fait réussir mon évasion.

Le départ devait avoir lieu un dimanche, à minuit. Ce jour-là, les autorités locales donnaient un spectacle d'amateurs. Je me montrai à la caserne où le théâtre était monté et, rencontrant l'ispravnik, je lui dis que je me sentais beaucoup mieux et que, très prochainement, je pourrais partir pour Obdorsk. C'était là de la perfidie, mais c'était indispensable.

Lorsque minuit sonna au clocher, je gagnai en catimini la cour de *Kozia Nojka.* Un traîneau bas était prêt. Je m'y étendis, mettant une pelisse sous moi. *Kozia Nojka* me couvrit d'une paille froide, glacée, qu'il attacha avec des cordes, en croix, et nous partîmes. La paille se réchauffait et une eau froide ruissela sur mon visage.

A quelques verstes de distance, nous nous arrêtâmes. *Kozia Nojka* délia les cordes. Je sortis de dessous la paille. Mon conducteur siffla. Des voix lui répondirent, qui, hélas ! étaient celles de gens ivres. Le Zyriane était aviné, et il avait amené avec lui des amis. C'était un mauvais début. Mais il n'y avait pas à choisir. Je pris place sur un léger traîneau avec mon petit bagage. J'avais sur moi deux pelisses, l'une à poil en dedans, l'autre à poil en dehors, des bas en poil, les bottes fourrées, le bonnet doublement fourré comme les moufles : en un mot, j'étais équipé comme un Ostiak en plein hiver. J'avais dans mon bagage quelques bouteilles d'esprit-de-vin, c'est-à-dire ce qu'il y a de plus adéquat dans un désert de neige.

Svertchkov a écrit ceci dans ses mémoires :

« Du haut de la tour des pompiers de Bérézov, on pouvait observer, au moins à une verste de distance, tout mouvement sur le blanc tapis de neige, dans le sens de la ville ou dans le sens contraire. Supposant avec raison que la police demanderait au pompier de service si personne n'avait quitté la ville cette nuit-là, Rochkovsky s'arrangea pour qu'un des habitants partît, au même moment, emportant dans la direction de Tobolsk un veau fraîchement tué. Ce mouvement, comme on s'y attendait, fut remarqué, et la police, quand elle découvrit, deux jours plus tard, l'évasion de Trotsky, se lança d'abord à la poursuite du veau, perdant ainsi deux autres journées... »

Moi, je ne sus cela que beaucoup plus tard.

Nous prîmes le chemin de la Sosva. Mon conducteur acheta des rennes, à son choix, prenant dans un troupeau de quelques centaines de têtes. Au début du voyage, il s'endormit plusieurs fois parce qu'il était ivre, et l'attelage s'arrêtait. Tous deux, nous étions alors en danger. Finalement, il ne réagit plus du tout lorsque je le secouais. Je le décoiffai de son bonnet, ses cheveux se couvrirent bientôt de givre et l'ivresse lui passa peu à peu. Nous poursuivîmes notre voyage : un beau voyage en vérité, dans la vierge solitude des neiges, à travers des bouquets de sapins, où l'on voyait les foulées d'animaux sauvages. Les rennes couraient avec entrain, sortant la langue de côté et haletant : « *tchou-tchou-tchou* »... La piste était étroite, les rennes se serraient l'un contre l'autre, et l'on devait s'étonner qu'ils ne se gênassent point entre eux dans leur course. Curieuses créatures qui ne connaissent ni la faim ni la fatigue... Nos rennes n'avaient pas mangé depuis vingt-quatre heures avant notre départ et il devait y avoir bientôt vingt-quatre heures qu'ils nous traînaient sans avoir été nourris. D'après l'explication de mon cocher, c'était tout juste alors qu'ils « prenaient leur élan ». Ils couraient d'un pas régulier, infatigablement, faisant de huit à dix verstes à l'heure. Ils cherchaient eux-mêmes leur pitance. On leur attachait au cou une bûche et on les lâchait en liberté. Ils choisissaient une place où, sous la neige, ils flairaient de la mousse, ils creusaient à coups de sabots un trou profond, s'y enfouissaient presque tout entiers et mangeaient. J'avais pour ces animaux à peu près le sentiment que doit éprouver un aviateur pour son moteur, quand il se trouve, à quelques centaines de mètres de hauteur, en plein vol sur l'océan. Un des trois rennes, le principal, le « conducteur », se mit à boiter. Quel tintouin ! Il était indispensable de le remplacer. Nous cherchâmes un campement d'Ostiaks. Dans ces parages, ces groupes sont dispersés à des dizaines de verstes de distance de l'un à l'autre. Mon guide les découvrait pourtant, à des indices presque imperceptibles. A plusieurs verstes, il devinait une odeur de fumée.

Nous perdîmes plus de vingt-quatre heures pour changer d'attelage. Mais, en compensation, à l'aube, je fus témoin d'un spectacle merveilleux : trois Ostiaks, munis du lasso, attrapaient en pleine course des rennes choisis d'avance, dans un troupeau de quelques centaines de têtes que les chiens chassaient sur eux.

Nous repartîmes, tantôt à travers des bois, tantôt sur des marais couverts de neige, tantôt à travers d'immenses forêts décimées par l'incendie. Sur la neige, nous faisions bouillir de l'eau de neige et prenions le thé. Mon guide préférait, d'ailleurs, l'esprit-de-vin, mais je le surveillais de près et l'empêchais de dépasser la mesure.

La route semblait être toujours la même, et cela changeait sans cesse. On pouvait en juger à l'allure des rennes. Ici, l'on passait par un endroit découvert, entre un bouquet de bouleaux et le lit de la rivière. Chemin tuant. Le vent vous efface sous les yeux l'étroit sillage du traîneau. A tout instant, le renne de volée trébuche et lâche la piste. Il enfonce dans la neige jusqu'au ventre et plus encore, fait quelques bonds désespérés, remonte sur la route, pousse le limonier jette de travers le renne « conducteur ».

Plus loin, la route, réchauffée par le soleil, devient si peu praticable qu'au traîneau qui nous précède, les traits se rompent à deux reprises : à chaque arrêt, les patins gèlent, adhérant à la route, et il est difficile de repartir. Après les deux premiers « trajets »[1], les rennes sont déjà sensiblement fatigués...

Mais le soleil disparaît, le chemin gèle et cela va de mieux en mieux. « Une route douce, où pourtant on n'enfonce pas », « tout ce qu'il y a de bon comme route », selon le cocher ; les pas de l'attelage s'entendent à peine ; les rennes nous emmènent comme en se jouant. Il fallut même dételer l'un des trois et l'attacher derrière le traîneau, parce que, n'ayant plus aucune peine, les animaux faisaient des écarts brusques et auraient pu briser le véhicule. Notre voiture glissait d'une allure égale, sans bruit, comme une barque sur le miroir d'un étang. Dans un crépuscule enténébré, la forêt semblait plus gigantesque. Je ne discernais absolument pas la route, je ne sentais presque pas le mouvement du traîneau. Des arbres de mirage couraient au-devant de nous, les buissons fuyaient sur les côtés, de vieilles souches couvertes de neige, à côté de hauts bouleaux, disparaissaient sous nos yeux. Tout cela semblait plein de mystère. *Tchou-tchou-tchou...* Le souffle égal et pressé des rennes s'entendait seul dans le grand silence de la nuit et de la forêt.

---

1. On appelle « trajets » la distance de dix à quinze kilomètres que des rennes peuvent parcourir sans souffler. — N. d. T.

Ce voyage dura une semaine. Nous avions fait un raid de sept cents kilomètres et approchions de l'Oural. De plus en plus souvent, nous rencontrions des convois. Je me faisais passer pour un ingénieur de l'expédition polaire du baron Toll. A peu de distance de l'Oural, nous tombâmes sur un commis qui avait fait partie de cette expédition et savait de qui elle s'était composée. Il m'accabla de questions. Fort heureusement, il n'était pas non plus en possession de ses facultés. Je me hâtai de me sortir d'affaire à l'aide d'une bouteille de rhum que j'avais prise à tout hasard. Tout se passa bien.

Dans l'Oural, on voyageait avec des chevaux. Là, je passai pour un fonctionnaire et, avec un contrôleur des contributions indirectes qui faisait le tour de son district, j'atteignis le chemin de fer à voie étroite des Mines. Le gendarme de la gare me vit, avec indifférence, me débarrasser des pelisses que j'avais rapportées de chez les Ostiaks.

Sur la voie de jonction avec le chemin de fer de l'Oural, ma situation n'était pas encore des plus sûres : sur cet embranchement où n'importe quel étranger est remarqué, on aurait pu m'arrêter dans une station quelconque, d'après un télégramme qu'on aurait reçu de Tobolsk. En route, je fus anxieux. Mais lorsque, vingt-quatre heures plus tard, je me trouvai dans le confortable wagon de la ligne de Perm, je sentis aussitôt que j'avais gagné la partie.

Le train passa par les gares où nous avaient reçus si solennellement des gendarmes, gardes mobiles et ispravniks. Mais je suivais maintenant la direction opposée et j'éprouvais de tout autres sentiments. Dans les premiers moments, le wagon spacieux et presque vide me parut étroit et étouffant. Je me mis sur la plate-forme, où le vent soufflait, où il faisait sombre, et, de ma poitrine, s'échappa le cri de l'instinct, un grand cri de joie et de liberté !

A l'une des premières haltes, je télégraphiai à ma femme, l'invitant à venir au-devant de moi à une gare de bifurcation. Elle ne s'attendait pas à recevoir cette dépêche, ou du moins ne l'attendait pas si tôt. On le concevra sans peine. Notre voyage jusqu'à Bérézov avait duré plus d'un mois. Les journaux de Pétersbourg décrivaient avec force détails notre progression vers le Nord. Nos correspondances continuaient encore à parvenir aux destinataires. Tout le monde me croyait sur la route d'Obdorsk. Or, il ne me fallut que onze jours pour refaire tout le voyage en sens inverse. Il est clair que ma femme devait considérer comme invraisemblable une rencontre avec moi aux environs de Pétersbourg. Et ce n'en fut que mieux : nous nous rencontrâmes tout de même.

Voici comment N. I. Sédova raconte l'aventure dans ses mémoires :

« Ayant reçu le télégramme à Térioki, bourg finlandais à proximité de Pétersbourg, où je vivais absolument isolée avec mon jeune fils, je ne pouvais tenir en place, tant j'étais émue et heureuse. Dans la même journée, je reçus de L. D. une longue lettre écrite en cours de route, dans laquelle, après m'avoir décrit son voyage, il me demandait de lui apporter des livres et un certain nombre d'effets indispensables dans le Nord, lorsque je prendrais la route d'Obdorsk. Il fallait conclure qu'il avait brusquement changé d'avis, que, par des voies inimaginables, il revenait à toute vitesse, puisqu'il me donnait même rendez-vous à une gare de bifurcation. Mais, chose étonnante, le nom de la station qu'il indiquait avait disparu du texte du télégramme. Le lendemain matin, je pars pour Pétersbourg et je tâche de trouver sur un indicateur le nom de la gare pour laquelle je dois prendre un billet. Je ne me risque pas à demander des renseignements et je me mets en route sans savoir où je dois exactement aller. J'ai pris mon billet pour Viatka ; je pars le soir. Le wagon est plein de propriétaires qui reviennent de Pétersbourg, chargés d'emplettes faites dans les magasins d'alimentation, regagnant leurs domaines où ils vont fêter le Carnaval. Ils ne parlent que de crêpes, de caviar, de balyk, de vins, etc. J'avais du mal à supporter ces conversations, tout agitée à la pensée du rendez-vous, tourmentée à l'idée des accidents qui pouvaient se produire... Et pourtant, en mon for intérieur, vivait l'assurance que nous nous retrouverions. J'attendis avec la plus extrême impatience le matin : le train qui venait en sens contraire devait se rencontrer avec le mien à la station Samino : c'est seulement en wagon que j'appris ce nom et je me le suis rappelé pour toute ma vie. Les deux trains s'arrêtèrent, le mien et l'autre. Je courus à la gare : personne... Je sautai dans le train rencontré, je parcourus, anxieuse au dernier degré, les voitures : personne et personne ! Tout à coup, j'aperçois, dans un compartiment, la pelisse de L. D. Il est donc ici ! Mais où ?... Je saute hors du wagon et je tombe tout de suite sur L. D. qui revenait, courant, de la gare où il m'avait cherchée. Il fut furieux d'apprendre que son télégramme avait été écorché et il voulait en faire sur place toute une histoire. J'eus grand mal à l'en dissuader. Lorsqu'il m'avait expédié la dépêche, il comprenait, certes, fort bien qu'au lieu de moi des gendarmes pourraient l'attendre à son rendez-vous, mais il estimait qu'à Pétersbourg il se sentirait mieux en ma compagnie et il comptait sur son étoile. Nous nous installâmes dans le compartiment et continuâmes le voyage ensemble. Je fus frappée de la liberté, de l'aplomb que manifesta L. D. riant et parlant haut, en wagon et dans les gares. J'aurais voulu le rendre invisible, le bien cacher : ne risquait-il pas les travaux forcés pour son évasion? Mais il se montrait à tous et me disait que c'était là la meilleure mesure de protection. »

De la gare de Pétersbourg, nous nous rendîmes directement à l'école d'artillerie, chez nos sûrs amis. Jamais je n'ai vu de gens aussi stupéfaits que le furent les Litkens. J'étais là comme un fantôme dans la grande salle à manger ; toute la famille du docteur me considérait, tous avaient la respiration coupée. On s'embrassa ; puis l'étonnement reprit, et, de nouveau, on n'en croyait pas ses yeux. En fin de compte, il fallut bien admettre que moi, c'était moi... Et je le sens encore : ce furent de douces heures. Mais le danger subsistait, il était loin d'être passé. C'est le docteur qui nous le rappela le premier. Dans un certain sens, le péril ne faisait même que commencer. Des télégrammes avaient certainement été reçus de Bérézov, annonçant ma disparition. A Pétersbourg, j'étais beaucoup trop connu de vue, depuis le soviet des députés ouvriers. Ma femme et moi décidâmes de gagner la Finlande, où les libertés conquises par la révolution se maintinrent plus longtemps qu'en Russie. Le point le plus dangereux était la gare de Finlande. Peu avant le départ du train, plusieurs officiers de gendarmerie, qui passaient en revue les voyageurs, entrèrent dans notre wagon. Aux yeux de ma femme qui se tenait tournée vers la portière, je vis quel était le risque. Nous vécûmes une minute d'extrême tension nerveuse. Les gendarmes nous regardèrent avec une parfaite indifférence et passèrent. C'était ce qu'ils avaient de mieux à faire.

Depuis longtemps déjà, Lénine et Martov avaient quitté Pétersbourg et vivaient en Finlande. La fusion des fractions, qui avait eu lieu au congrès de Stockholm en avril 1906 présentait déjà une profonde fissure. Le reflux de la révolution continuait. Les menchéviks se repentaient des folies commises en 1905. Les bolchéviks ne se repentaient de rien et persistaient à viser à une nouvelle révolution. J'allai rendre visite à Lénine et à Martov qui habitaient des agglomérations voisines.

Dans la chambre de Martov régnait comme toujours le plus excentrique désordre. Il y avait, dans un coin, un tas de journaux, à hauteur d'homme. En causant, Martov, de temps à autre, plongeait dans ce tas et atteignait l'article dont il avait besoin. Sur sa table étaient des manuscrits parsemés de cendres. Un pince-nez dont les verres n'avaient pas été essuyés pendait au nez mince de Martov. Comme toujours, il avait une quantité d'idées, de fines et brillantes idées, mais il lui en manquait une, la plus importante : il ne savait qu'entreprendre.

Dans la chambre de Lénine régnait, comme toujours, un ordre exemplaire. Il ne fumait pas. Les journaux dont il avait besoin et qu'il avait marqués au crayon étaient sous sa main. Et l'essentiel était l'assurance invincible, quoique retenue en expectative, qui se manifestait sur ce visage prosaïque, mais extraordinaire.

On ne voyait pas bien encore s'il y avait définitivement reflux de la révolution ou seulement un temps d'arrêt avant la reprise. Mais, dans un cas comme dans l'autre, il était indispensable de combattre les sceptiques, de reviser théoriquement l'expérience de 1905, de former des cadres pour une nouvelle montée ou pour la révolution suivante.

Lénine approuva, dans la conversation, les travaux que j'avais faits en prison, mais me reprocha de n'en avoir pas tiré les déductions indispensables au point de vue de l'organisation, c'est-à-dire de n'être pas encore venu du côté des bolchéviks. Il avait raison.

En me disant adieu, il me donna des adresses pour Helsingfors qui furent pour moi sans prix. Les amis qu'il m'indiquait m'aidèrent à m'établir, avec ma famille, en un coin commode, à Oglbiou, près d'Helsingfors, où vécut quelque temps après nous Lénine. Le *maître de police* d'Helsingfors était un *activiste*, c'est-à-dire un nationaliste finnois révolutionnaire. Il promit de m'avertir dans le cas où il y aurait du danger du côté de Pétersbourg.

Je passai à Oglbiou quelques semaines avec ma femme et mon fils qui était né pendant mon séjour en prison. Là, dans la solitude, je rédigeai une relation de mon voyage *Aller et Retour*, et les honoraires que je touchai me permirent de partir pour l'étranger, par Stockholm. Ma femme et mon fils restèrent pour le moment en Russie. Je fus accompagné jusqu'à la frontière par une jeune « activiste » finnoise. A cette époque, c'étaient des amis. En 1917, les « activistes » devinrent fascistes et les pires ennemis de la révolution d'Octobre.

C'est sur un paquebot scandinave que je partis pour une nouvelle émigration qui devait durer dix ans.

CHAPITRE III

DEUXIÈME ÉMIGRATION
LE SOCIALISME ALLEMAND

Le congrès du parti, en 1907, tint ses assises à Londres, dans une église socialiste. L'assemblée, nombreuse, dura longtemps, fut tumultueuse et chaotique. A Pétersbourg, la IIe Douma était encore en vie. La révolution allait déclinant, mais l'intérêt qu'on lui portait, même dans les cercles politiques anglais, était encore très vif. Des libéraux en vue invitaient les délégués les plus renommés pour les montrer à leurs hôtes. Cependant, le reflux du mouvement révolutionnaire, qui s'était déclaré, se manifesta d'abord par une baisse dans la caisse du parti. Les fonds manquèrent non seulement pour les voyages de retour, mais aussi pour mener à bonne fin le congrès. Lorsque cette triste nouvelle fut annoncée sous les voûtes de l'église, interrompant les débats sur l'insurrection armée, les délégués s'entre-regardèrent avec étonnement et anxiété. Que faire ? On ne pouvait rester là, dans cette église de Londres... Cependant, une issue fut trouvée, tout à fait inattendue. Un des libéraux anglais consentit à la révolution russe un emprunt, qui, je m'en souviens, fut de trois mille livres sterling. Mais il exigea que la reconnaissance fût signée par tous les délégués au congrès. L'Anglais reçut un document sur lequel figuraient plusieurs centaines de signatures, tracées avec les caractères qui appartiennent à toutes les populations de la Russie. Il eut cependant à attendre longtemps le versement de la somme marquée sur cet effet. Pendant la réaction et la guerre, le parti ne pouvait penser à payer de pareilles sommes. C'est seulement le gouvernement soviétiste qui racheta la traite signée par le congrès de Londres. La révolution fait honneur à ses engagements, bien que, d'ordinaire, avec un certain retard.

Dans les premiers jours du congrès, un homme m'arrêta sur un des bas-côtés de l'église ; un homme de haute taille, anguleux, au visage rond, aux pommettes saillantes, au chapeau rond.

— Je suis votre admirateur, dit-il, avec un petit rire accueillant.

— Mon admirateur ? demandai-je, surpris.

Il se trouva que l'on me parlait des pamphlets que j'avais écrits en prison. Mon interlocuteur était Maxime Gorky. C'était la première fois que je le trouvais devant moi.

— J'espère, lui répondis-je, qu'il est inutile de vous dire que je suis aussi votre admirateur.

Gorky, en cette période, avait du penchant pour les bolchéviks.

Avec lui se trouvait une artiste réputée, Andrééva. Nous visitâmes Londres, tous trois ensemble.

— Comprenez-vous ça, disait Gorky, en secouant la tête d'un air ébahi, du côté d'Andrééva : elle parle toutes les langues !

Lui ne savait que le russe, mais comme il parlait bien !

Quand un mendiant venait refermer sur nous la portière d'un cab, Gorky disait, d'un ton suppliant :

— Il faudrait bien lui donner de ces *pence*...

— C'est déjà fait, répondait Andrééva, c'est fait, Aléchennka.

Au congrès de Londres, je connus de plus près Rosa Luxembourg avec laquelle j'avais été en relations dès 1904. De petite taille, frêle, même maladive, elle avait de nobles traits, de très beaux yeux, qui rayonnaient d'esprit, et elle subjuguait par la virilité de son caractère et de la pensée. Son style, tendu, précis, implacable, restera à jamais le reflet de son âme héroïque. C'était une créature aux aspects variés, riche en nuances. La révolution et ses passions, l'homme et son art, la nature, les herbes et les oiseaux pouvaient également faire vibrer en elle des cordes qui étaient nombreuses.

« Il faudrait pourtant, écrivait-elle à Louise Kautsky, que quelqu'un me croie quand je dis que c'est seulement par suite d'un malentendu que je suis prise dans le tourbillon de l'histoire mondiale, et qu'en réalité j'étais née pour paître des oies. »

Mes rapports avec Rosa n'atteignirent aucun degré d'intimité personnelle : nous nous sommes vus trop peu, trop rarement. Je l'admirais en observateur. Et pourtant il se peut qu'alors je ne l'aie pas suffisamment appréciée...

Sur la question dite de « la révolution permanente », Luxembourg défendait la position de principe qui était aussi la mienne. Dans les couloirs, il s'éleva entre Lénine et nous un débat émaillé de plaisanteries sur ce sujet. Les délégués nous entourèrent en groupe pressé.

— Tout ça, dit Lénine à l'adresse de Rosa, c'est parce qu'elle ne parle pas assez bien le russe.

— Oui, répliquai-je, mais elle parle bien le marxiste.

Les délégués riaient, et nous avec eux.

A une des séances du congrès, j'eus l'occasion d'exposer encore une fois mes idées sur le rôle du prolétariat dans la révolution bourgeoise et, en particulier, sur l'attitude du prolétariat à l'égard de la classe paysanne.

Lénine, qui prit la parole pour conclure, dit à ce sujet : « Trotsky se place au point de vue de la communauté des intérêts du prolétariat et des paysans dans la révolution contemporaine »... Aussi « voyons-nous ici une solidarité sur les points essentiels du problème de l'attitude à prendre à l'égard des partis bourgeois. »

Nous voilà loin de la légende qui prétend qu'en 1905

j'aurais délibérément « ignoré » la classe paysanne. Il reste à ajouter que le discours-programme prononcé par moi à Londres en 1907, et que je considère encore aujourd'hui comme absolument juste, a été réimprimé à plusieurs reprises depuis la révolution d'Octobre, et qu'il a été présenté comme un modèle de jugement bolchéviste sur la classe paysanne, et la bourgeoisie.

De Londres, je me rendis à Berlin, à la rencontre de ma femme qui devait arriver de Pétersbourg. Vers le même temps, Parvus s'évadait de Sibérie. A Dresde, aux éditions social-démocrates Caden, il plaça ma brochure intitulée : *Aller et Retour*. Pour cet ouvrage où je racontais mon évasion, j'entrepris d'écrire une préface concernant la révolution même. En quelques mois, cette préface devint un livre : *Russland in der Revolution.*

A trois, ma femme, Parvus et moi, nous partîmes en voyage à pied par la « Suisse » saxonne. C'était la fin de l'été, les journées étaient belles, un petit vent froid soufflait le matin, nous buvions du lait et l'air des montagnes. Une tentative que nous fîmes, ma femme et moi, pour descendre dans une vallée en quittant la route, faillit nous coûter la vie. Nous arrivâmes en Bohême, dans le petit bourg de Hirschberg, lieu de villégiature fréquenté par de petits fonctionnaires, et nous y passâmes plusieurs semaines. Lorsque l'argent arrivait à sa fin, — et c'était une crise périodique, — Parvus ou moi écrivions en toute hâte un article pour la presse social-démocrate. Je rédigeai, à Hirschberg, un petit livre sur la social-démocratie allemande pour les éditions bolchévistes de Pétersbourg. Dans cet ouvrage, j'exprimai pour la deuxième fois une idée que j'avais émise en 1905 : je déclarai que la formidable machine de la social-démocratie allemande pourrait, à un moment de crise de la société bourgeoise, devenir la force principale de l'ordre conservateur. A cette époque, je ne prévis pas moi-même à quel point cette hypothèse toute théorique devait être justifiée par les faits.

De Hirschberg, nous partîmes dans des directions différentes. Je me rendis au congrès de Stuttgart ; ma femme alla en Russie chercher son enfant ; Parvus rentra en Allemagne.

Au congrès de l'Internationale, on sentait encore le souffle de la révolution russe de 1905. Le front se faisait sur le flanc gauche. Mais on remarquait déjà une certaine désillusion à l'égard des méthodes révolutionnaires. On regardait encore les révolutionnaires russes avec intérêt, mais non sans une nuance d'ironie : « Ah ! vous voilà revenus chez nous ! »

Lorsque, en février 1905, rentrant en Russie, j'avais passé par Vienne, je demandai à Victor Adler ce qu'il pensait d'une participation de la social-démocratie à un futur gouvernement provisoire. Adler me répondit à sa manière :

— Vous avez encore trop à faire avec le gouvernement *existant* pour vous casser la tête à vous demander ce que sera le gouvernement *futur*.

A Stuttgart, je rappelai ce propos à Adler.

— Je l'avoue, dit-il, vous avez été plus près du gouvernement provisoire que je ne l'attendais.

D'une façon générale, Adler avait beaucoup de sympathie pour moi : car enfin le droit de suffrage universel en Autriche était, au fond, une conquête du soviet des députés ouvriers de Pétersbourg.

Le délégué anglais Quelch, qui m'avait donné accès, en 1902, dans le *British Museum*, s'exprima peu respectueusement, au congrès de Stuttgart, sur une conférence d'ambassadeurs qui se tenait alors : il appela cela une réunion de brigands. L'expression ne pouvait plaire au prince de Bulow. Le gouvernement de Wurtemberg, sous la pression de Berlin, décréta d'expulsion le délégué Quelch. Bebel se sentit aussitôt mal à son aise. Le parti n'osa pas entreprendre quoi que ce fût contre l'expulsion. Il n'y eut même pas de manifestation pour protester. Le congrès international se conduisit comme une bande d'écoliers : le maître chasse de classe un élève insolent, et tous se taisent. Si considérables que fussent les effectifs de la social-démocratie allemande, on devinait fort bien son impuissance.

En octobre 1907, je me trouvais déjà à Vienne. J'y fus bientôt rejoint par ma femme qui ramenait notre enfant. Dans l'attente d'une nouvelle montée du flot révolutionnaire, nous nous installâmes en banlieue, à Hutteldorf. Nous devions attendre longtemps. Sept ans plus tard, ce qui nous éloigna de Vienne, ce ne fut pas le flot de la révolution, ce fut une tout autre marée, celle qui a imprégné de sang humain toutes les terres de l'Europe.

Pourquoi avions-nous choisi Vienne en 1907, alors que toute l'émigration russe se concentrait en Suisse et à Paris ? C'est qu'en cette période j'étais surtout porté vers la vie politique allemande. Je n'aurais pu m'établir à Berlin, à cause de la police. Nous optâmes donc pour Vienne. Mais, pendant les sept années qui s'écoulèrent, je suivis beaucoup plus attentivement la vie de l'Allemagne que celle de l'Autriche qui rappelait par trop les évolutions d'un écureuil dans sa roulette.

Je connaissais depuis 1902 Victor Adler qui, de l'aveu de tous, était le grand leader. Le temps était venu de me mieux renseigner sur son entourage et sur l'ensemble du parti.

Je fis la connaissance d'Hilferding pendant l'été de 1907, chez Kautsky. Hilferding en était alors à son plus haut période d'élan révolutionnaire, ce qui ne l'empêchait pas de détester Rosa Luxembourg et de parler avec dédain de Karl Liebknecht. Mais, en ce qui concernait la Russie, il était disposé à adopter alors, de même que bien d'autres, les vues les plus extrémistes. Il fit l'éloge de certains de mes articles que la *Neue Zeit* avait publiés, avant mon évasion, sur des traductions faites d'après les textes russes, et, d'une manière tout à fait inattendue, dès le début de l'entretien, me proposa le tutoiement. Nos rapports prirent donc une apparence d'intimité. Cette familiarité n'avait aucune base, ni morale, ni politique.

Hilferding, en cette période, traitait avec un grand mépris la social-démocratie allemande, inerte et passive, lui opposant l'activité des Autrichiens. Ce n'était, cependant, que de la critique en chambre. Officiellement, Hilferding se conduisait en rédacteur appointé du parti allemand, — et n'allait pas au delà. Quand il vint à Vienne, Hilferding me rendit visite et me conduisit un soir dans un café, où il me présenta à ses amis austro-marxistes. Lors de quelques brefs séjours à Berlin, j'allai voir Hilferding. Nous eûmes, lui et moi, une entrevue avec Mac Donald, dans un café berlinois. Ce fut Edouard Bernstein qui servit d'interprète. Hilferding questionnait, Mac Donald répondait. Je ne me souviens actuellement ni des questions ni des réponses, qui n'eurent rien de remarquable sinon par leur banalité. Je me demandais seulement quel était celui des trois qui s'éloignait le plus de ce que j'appelais socialisme, et je ne savais comment me répondre à moi-même.

Durant les pourparlers de Brest-Litovsk, je reçus une lettre de Hilferding. Je ne pouvais m'attendre à rien de remarquable, mais j'ouvris l'enveloppe avec curiosité. Depuis la révolution d'Octobre, c'était le premier écho qui nous parvenait de l'Occident socialiste. Et que trouvai-je ? Hilferding me demandait seulement de rendre la liberté à un *docteur*, de la race si nombreuse des médecins de Vienne. *Pas un mot sur la révolution.* Pourtant, Hilferding me tutoyait dans sa lettre. Je connaissais assez bien l'extérieur de cet homme. Il me semblait que je ne m'étais fait aucune illusion sur son compte. Et pourtant je n'en croyais pas mes yeux.

Je me rappelle que Lénine me demanda avec vivacité :

— Il paraît que vous avez reçu une lettre de Hilferding ?

— Oui.

— Eh bien ?

— Intercède pour un prisonnier de sa connaissance.

— Mais que dit-il de la révolution ?

— Rien.

— Non, vraiment, — rien ?...

— Rien.

— Pas possible !...

Lénine me regardait de tous ses yeux.

J'avais sur lui une supériorité : j'avais eu le temps de m'assimiler cette idée que pour Hilferding la révolution d'Octobre et la tragédie de Brest, n'avaient été qu'une occasion pour intervenir en faveur d'une de ses connaissances.

Je dispense le lecteur de lire les deux ou trois épithètes par lesquelles se soulagea la stupéfaction de Lénine.

Hilferding me mit en relations, tout d'abord, avec ses amis de Vienne : Otto Bauer, Max Adler et Karl Renner. C'étaient des hommes très instruits, qui, dans divers domaines, en savaient plus que moi. J'écoutai avec le plus vif intérêt, on pourrait presque dire avec respect, leur entretien au *Café central.* Mais bientôt des doutes me vinrent. Ces gens-là n'étaient pas des révolutionnaires. Ils représentaient même le type opposé à celui du révolutionnaire. Cela se voyait en tout : dans leur façon d'aborder les questions, dans leurs réflexions sur la politique, dans leurs appréciations psychologiques, dans la satisfaction — je ne dis pas dans l'assurance — qu'ils avaient d'eux-mêmes, et je crus même reconnaître l'accent du philistin dans le timbre de leurs voix.

Ce qui me frappa, c'est que ces érudits du marxisme étaient absolument incapables de posséder la méthode de Marx dès qu'ils abordaient les grands problèmes de la politique et surtout ses tournants révolutionnaires.

Je m'en convainquis d'abord par les propos de Renner. Nous nous attardâmes au café, il n'y avait plus de tramways pour Hutteldorf, et Renner me proposa de passer la nuit chez lui. Ce fonctionnaire des Habsbourg, instruit et doué de talent, était loin de penser que le malheureux sort de l'Autriche-Hongrie, dont il fut historiquement l'avocat, ferait de lui, dans une dizaine d'années, le chancelier de la république autrichienne.

En revenant du café, nous parlâmes des perspectives de développement de la révolution en Russie, où se consolidait alors la contre-révolution. Renner discutait de ces questions avec l'urbanité et l'indifférence d'un étranger instruit. Ce qui l'intéressait le plus, c'était le ministère du baron Beck qu'on annonçait en Autriche. Ses idées sur la Russie se résumaient en ceci que l'union des propriétaires de biens-fonds et de la bourgeoisie, exprimée dans la constitution par Stolypine, après le coup d'État du 3 juin 1907, correspondait parfaitement au développement des forces productrices du pays, et que, par conséquent, cette union avait toutes chances de subsister.

Je lui répliquai qu'à mon avis le bloc dirigeant des propriétaires fonciers et de la bourgeoisie préparait une seconde révolution qui porterait probablement au pouvoir le prolétariat de Russie. Je vois encore le coup d'œil fugitif, étonné et indulgent que jeta sur moi Renner, sous un bec de gaz. Il considérait probablement mon pronostic comme une des rêveries d'un ignorant, dans le genre des prédictions apocalyptiques de l'Australien mystique, qui était venu au congrès de Stuttgart prédire, quelques mois auparavant, le jour et l'heure de la future révolution mondiale.

— C'est là ce que vous pensez ? me dit Renner.

Et il ajouta avec une politesse écrasante :

— Il est possible que je ne connaisse pas suffisamment bien la situation en Russie.

Il était inutile de prolonger l'entretien : nous n'avions plus de terrain commun. Il était évident pour moi que cet homme était aussi étranger à la dialectique révolutionnaire qu'aurait pu l'être le plus conservateur des pharaons d'Egypte.

Mes premières impressions ne purent que s'approfondir dans la suite. Ces gens-là étaient très savants, ils étaient fort capables d'écrire, dans les cadres d'une politique routinière, de bons articles marxistes. Mais ils n'avaient rien de commun avec moi. Je m'en persuadais davantage à mesure que s'agrandissait le cercle de mes relations et de mes observations. Dans des causeries où l'on s'exprime sans la moindre gêne, ils manifestaient, bien plus franchement que dans leurs articles et leurs discours, tantôt un chauvinisme éhonté, tantôt la vantardise du petit acquéreur de biens, tantôt la terreur sacrée que leur inspirait la police, tantôt la vulgarité de leurs jugements sur les femmes. Et, à part moi, je m'écriais, stupéfait :

— Des révolutionnaires ! C'est ça ?

Je ne parle pas ici des ouvriers, chez lesquels on peut, certes, trouver aussi pas mal de traits de caractère petit-bourgeois, en plus simple et plus naïf cependant. Non, je fréquentais la fleur du marxisme autrichien d'avant-guerre, des députés, des écrivains, des journalistes. Au cours de ces rencontres, j'appris à comprendre quels éléments hétérogènes peut comporter une psychologie individuelle et comme il y a loin de l'assimilation passive de quelques parties d'un système à la transsubstantiation psychologique totale de ce système, à la rééducation de la personnalité dans l'esprit du système. Le type psychologique du marxiste ne peut se former qu'à une époque de bouleversements sociaux, lorsque la révolution fait une rupture dans les traditions et les coutumes. L'austro-marxiste n'était que trop souvent un philistin qui étudiait telle ou telle partie de la théorie de Marx, comme un autre aurait étudié la science du droit, et qui vivait sur les intérêts du *Capital*. A Vienne, vieille cité impériale, hiérarchisée, pleine de vaine agitation et de vanité, les académiciens du marxisme se donnaient délicieusement l'un à l'autre de l'*Herr Doktor*. Assez souvent, des ouvriers appelaient les académiciens de la révolution : *Genosse Herr Doktor*.

Durant les sept années que j'ai passées à Vienne, je n'ai pas pu converser une seule fois à cœur ouvert avec un des membres de cette élite : pourtant, j'étais inscrit dans la social-démocratie autrichienne, j'allais à ses réunions, participais à ses manifestations, collaborais à ses publications et faisais parfois de courtes conférences en allemand. Devant les leaders, j'avais la sensation d'être en présence d'étrangers, et, en même temps, je trouvais sans la moindre peine une langue commune avec les ouvriers social-démocrates que je voyais aux réunions ou à la manifestation du 1er Mai.

La correspondance de Marx et d'Engels fut pour moi, dans ces conditions, le plus indispensable et le plus familier de tous les livres, car j'y vérifiai en grand et de la façon la plus sûre non seulement mes idées, mais toute l'aperception [1] que j'avais du monde. Les leaders viennois de la social-démocratie se servaient de formules identiques aux miennes. Mais il suffisait de faire jouer dans la moindre mesure n'importe laquelle de ces formules, de la déplacer de cinq degrés sur son axe, pour constater aussitôt que nous ne mettions pas du tout le même contenu dans les mêmes concepts. Notre solidarité fut temporaire, superficielle et illusoire. La correspondance de Marx et d'Engels ne fut pas pour moi une révélation théorique : ce fut une révélation psychologique. *Toutes proportions gardées* [2], je me convainquais à chaque page des affinités spirituelles qui me rattachaient directement à ces deux hommes. Leur façon de considérer les gens et les idées m'était proche. Je devinais ce qu'ils n'avaient pas entièrement énoncé, je partageais leurs sympathies, leurs indignations, leurs haines. Marx et Engels furent des révolutionnaires jusque dans la moelle des os. En outre, il n'y eut en eux pas ombre de sectarisme ou d'ascétisme. Tous deux, et particulièrement Engels, auraient pu, à n'importe quel moment, déclarer que rien d'humain ne leur était étranger. Mais les larges vues révolutionnaires dont ils étaient innervés leur permirent toujours de s'élever au-dessus des vicissitudes du sort, au-dessus des œuvres de l'homme. Rien de mesquin n'était compatible

1. Terme russe du langage philosophique, composé à la manière allemande : « sensation » ou « intuition » du *monde*. — N. d. T.

2. En français dans le texte. — N. d. T.

non seulement avec eux, mais avec leur seule présence. Aucune bassesse ne pouvait s'attacher même à leurs semelles. Leurs appréciations, leurs sympathies, leurs plaisanteries, même les plus ordinaires, sont toujours enveloppées de l'air pur des hauteurs, de noblesse spirituelle. Ils peuvent porter sur un homme un jugement meurtrier, mais ils ne colporteront pas des cancans. Ils peuvent être impitoyables, mais ils ne seront pas félons. Pour tout ce qui est d'un éclat extérieur, des titres, des grades, des qualifications honorifiques, ils n'ont qu'un tranquille mépris. Ce que des philistins et des êtres vulgaires prenaient en eux pour de l'esprit aristocratique faisait justement et seulement leur supériorité de révolutionnaires. Supériorité dont la caractéristique essentielle était une absolue indépendance organique à l'égard de l'opinion publique officielle, toujours et en toutes circonstances. A lire leurs lettres, plus encore qu'à lire leurs ouvrages, je sentais que ce qui me liait intimement au monde de Marx et d'Engels était précisément ce qui m'opposait, sans possibilité de conciliation, aux austro-marxistes.

Ces derniers se piquaient de réalisme, de positivisme en affaires. Mais là encore, ils ne nageaient qu'en eau basse.

En 1907, le parti, dans le but d'augmenter ses ressources, prit idée de créer une grande boulangerie à lui. C'était une aventure des plus scabreuses, dangereuse en principe et pratiquement condamnée d'avance. Dès le début, je combattis ce projet, mais je ne rencontrai, parmi les marxistes viennois, que des sourires indulgents de supériorité. Quelque vingt ans après, le parti autrichien devait, passant par des tribulations de tout ordre, céder avec déficit, avec esclandre, son entreprise à des particuliers. Pour parer au mécontentement des ouvriers dont les sacrifices inutiles avaient été si nombreux, Otto Bauer chercha à démontrer la nécessité d'abandonner l'établissement en rappelant, bien tard, les avertissements que j'avais donnés au moment même où l'on engageait l'affaire. Mais il n'expliqua pas aux ouvriers pourquoi il n'avait pas tenu compte de mes avertissements qui n'étaient nullement le résultat de ma perspicacité personnelle. Je m'étais basé non sur la situation générale du marché des blés, ni sur l'état de la caisse du parti, mais sur la situation du parti du prolétariat dans la société capitaliste. J'avais l'air de parler en doctrinaire : il se trouva que mon critérium était le plus réaliste de tous. Si mes prévisions se sont justifiées, c'est seulement que la méthode marxiste l'emporte sur sa contrefaçon autrichienne.

Victor Adler était, sous tous les rapports, infiniment supérieur à ses collaborateurs. Mais il était depuis longtemps devenu sceptique. Son tempérament de militant se gaspillait dans l'agitation des petites affaires courantes de la vie autrichienne. Aucune perspective ne s'ouvrait et Adler, parfois, tournait ostensiblement le dos aux perspectives qui pouvaient s'ouvrir.

— Le métier de prophète, disait-il, est un métier ingrat, surtout en Autriche.

C'était un refrain dans ses conversations.

Dans les couloirs du congrès de Stuttgart, comme il était question de l'augure australien dont j'ai parlé, il déclara :

— Comme vous voudrez ! Pour ma part, des prédictions politiques basées sur l'Apocalypse me sont plus agréables que celles que l'on peut faire d'après une conception matérialiste de l'histoire.

C'était, bien entendu, une boutade. Mais ce n'était pas que cela. Et c'est par là que je me trouvais en opposition avec Adler, sur le point le plus vital pour moi : je ne puis concevoir indépendamment d'une large prognose historique non seulement une activité politique mais, plus généralement, une vie spirituelle. Victor Adler était devenu sceptique et, comme tel, il supportait tout, s'accommodait de tout, particulièrement du nationalisme qui rongeait profondément la social-démocratie autrichienne.

Mes rapports avec les dirigeants du parti se gâtèrent bien davantage lorsque je me prononçai ouvertement contre le chauvinisme du parti austro-allemand. C'était en 1909. Lors de mes rencontres avec des socialistes balkaniques, surtout avec des Serbes, et, en particulier, avec Dmitri Toutsovitch, qui fut ensuite, servant comme officier, tué à la guerre des Balkans, j'eus plus d'une fois l'occasion d'entendre des récriminations indignées à ce sujet : on signalait que toute la presse bourgeoise de Serbie citait malignement les algarades chauvines de l'*Arbeiter Zeitung* contre les Serbes, afin de prouver que la solidarité internationale des travailleurs n'était qu'une fable mensongère. J'écrivis pour la *Neue Zeit* un article très circonspect, très modéré contre le chauvinisme de l'*Arbeiter Zeitung*. Kautsky l'imprima après avoir beaucoup hésité. Un vieil émigré russe. S. L. Kliatchko, avec qui j'étais en relations très amicales, me fit savoir, le lendemain même, que, dans les cercles dirigeants du parti, l'indignation provoquée par moi était des plus grandes. « Comment a-t-il osé !... »

Otto Bauer et quelques autres austro-marxistes avouèrent, dans des conversations privées, que Leitner, chef de la rubrique étrangère, allait un peu loin. Ils reflétaient ainsi l'opinion d'Adler, lequel, tout en se résignant à tolérer les plus extrêmes incartades des chauvins, ne les approuvait pas. Mais, devant l'intervention présomptueuse de quelqu'un du dehors, tous les dirigeants se sentirent unanimes. Peu après, un samedi, Otto Bauer s'approcha de la table de café à laquelle nous étions assis, Kliatchko et moi, et il entreprit de me donner une sévère leçon. Je conviens que je perdis même ma présence d'esprit sous le déluge de mots dont il m'accabla. Ce qui me frappa, ce ne fut pas tant le ton de régent que prit Bauer, ce furent les arguments qu'il invoqua.

— Quelle importance peuvent avoir les articles de Leitner ? me disait-il avec une hauteur comique. La politique extérieure n'existe pas pour l'Autriche-Hongrie. Pas un ouvrier ne lit ces choses-là. Cela n'a pas le moindre intérêt...

J'écoutais, écarquillant les yeux. Ces gens-là ne croyaient

donc pas à la révolution ; ils ne croyaient même pas à la guerre. Dans leurs manifestes pour le Premier Mai, ils parlaient bien de guerre et de révolution, mais ils ne prenaient pas cela au sérieux et, sur la fourmilière où ils s'agitaient à tête perdue, ils ne voyaient pas du tout que l'histoire levait une énorme botte de soldat. Six ans plus tard ils durent apprendre que la politique extérieure existait aussi pour l'Autriche-Hongrie. Et dès le début de la guerre, ils tinrent le langage impudent auquel les avaient instruits les Leitner et autres chauvins de même acabit.

A Berlin, l'esprit qui régnait n'était peut-être pas de beaucoup meilleur, mais il était différent. On n'y sentait presque pas le mandarinisme ridicule des académiciens du socialisme viennois. Les rapports étaient plus simples. Il y avait à Berlin moins de nationalisme, ou, du moins, le nationalisme n'avait pas de motifs de se manifester d'une façon aussi fréquente et aussi criante que dans l'Autriche peuplée de races différentes. Le sentiment national se dissolvait en quelque sorte, pour un temps, dans un orgueil de parti : l'Allemagne était le plus puissant parti social-démocrate, le premier violon de l'Internationale !...

Pour nous autres Russes, la social-démocratie allemande fut la mère, l'éducatrice, le vivant modèle. Nous l'idéalisions à distance. Les noms de Bebel et de Kautsky étaient prononcés avec vénération. Quels que fussent, théoriquement, les pressentiments inquiets, dont j'ai fait mention ci-dessus, que j'éprouvais à l'égard de la social-démocratie allemande, j'étais encore, en cette période, indiscutablement, sous son empire. D'autant plus, dans une large mesure, que je vivais à Vienne et que, faisant, de temps à autre, une incursion à Berlin, comparant les deux capitales de la social-démocratie, je me disais pour me consoler : Non, Berlin n'est pas comme Vienne !...

J'eus deux fois, à Berlin, l'occasion de visiter les réunions hebdomadaires des gauches. Elles se tenaient le vendredi au restaurant « Rheingold ». Le personnage central, dans ces rencontres, était Franz Mehring. On y voyait aussi Karl Liebknecht, qui arrivait toujours en retard et partait des premiers. Ce fut Hilferding qui m'amena la première fois. A cette époque, il se considérait encore comme un homme de gauche, bien qu'il détestât déjà Rosa Luxembourg, lui portant la haine que semait en Autriche Daszinski.

Des propos qui furent tenus, il ne me reste en mémoire rien de remarquable.

Mehring, contractant nerveusement une de ses joues — c'était un tic, — me demanda ironiquement quelles étaient celles de ses « œuvres immortelles » qui avaient été traduites en russe.

Hilferding parla de la gauche allemande, disant que c'étaient des révolutionnaires.

— Nous, des révolutionnaires ? interrompit Mehring. Les révolutionnaires, les voilà !

Et il hocha la tête de mon côté.

Je connaissais trop peu Mehring, j'avais vu trop souvent comment les philistins raillaient la révolution russe, et je ne savais guère si Mehring se moquait ou s'il parlait sérieusement. Or, il se trouvait qu'il parlait sérieusement, et il l'a prouvé par le reste de sa vie.

Je vis Kautsky pour la première fois en 1907. Ce fut Parvus qui me conduisit chez lui. Ce n'est pas sans émotion que je gravis l'escalier de la petite maison proprette, à Friedenau, près de Berlin. Un petit vieillard enjoué, tête blanche aux clairs yeux bleus, m'accueillit par un « bonjour » dit en russe. Avec tout ce que je savais de Kautsky par ses livres, cela faisait une figure très séduisante. Ce qui était surtout attachant en lui, c'était sa sérénité : aucune vaine agitation ; comme je le compris plus tard, ce calme intérieur était dû à l'incontestable autorité dont il jouissait alors. Ses adversaires l'appelaient « le Pape de l'Internationale ». Fréquemment, des amis lui donnaient le même titre, mais dans un sens affectueux. La mère de Kautsky, auteur de romans à tendances sociales qu'elle dédicaçait « à son fils et maître », reçut, le jour où elle atteignit son soixante-dixième anniversaire, des félicitations des socialistes italiens, adressées *alla Mamma del Papa.*

Kautsky estimait que sa mission de théoricien consistait principalement à concilier l'esprit réformiste avec l'esprit révolutionnaire. Mais lui-même s'était créé une idéologie à l'époque du réformisme. La réforme seule était pour lui une réalité. La révolution n'était qu'une perspective historique perdue dans des brumes. Après avoir adopté le marxisme comme un système tout fait, Kautsky le popularisa en maître d'école. Les grands événements furent trop lourds à ses épaules. Il commença à décliner dès la révolution de 1905. Un entretien particulier avec Kautsky ne donnait que peu de chose. Il a l'esprit anguleux, sec, peu inventif, dénué d'intuition psychologique ; ses appréciations sont schématiques, ses plaisanteries banales. C'est pour cela que Kautsky est extrêmement faible comme orateur.

Son amitié avec Rosa Luxembourg coïncida avec la meilleure période de son activité créatrice. Mais bientôt après la révolution de 1905 apparurent entre eux les premiers symptômes d'un refroidissement. Kautsky eut beaucoup de sympathie pour la révolution russe et il ne la commenta pas mal, — de loin. Mais il était organiquement hostile à une implantation des méthodes révolutionnaires sur le terrain allemand. Au moment où allait avoir lieu une manifestation dans un parc de Berlin, je trouvai, chez Kautsky, Rosa Luxembourg en violente discussion avec lui. Ils se tutoyaient encore et sur un ton d'amicale intimité, mais, dans les répliques de Rosa, l'on sentait nettement une indignation contenue et, dans les répliques de Kautsky, un trouble profond qu'il dissimulait sous des plaisanteries mal assurées. Nous nous rendîmes ensemble à la manifestation : Rosa, Kautsky, sa femme. Hilferding, feu Gustav Eckstein et moi. Il y eut de vives collisions en cours de route : Kautsky ne voulait aller là qu'en spectateur ; Rosa Luxembourg voulait se joindre aux manifestants.

Entre eux, l'antagonisme se déclara ouvertement en 1910, sur la question de la lutte à mener pour le droit électoral en Prusse. Kautsky développa alors la philosophie d'une « stratégie d'usure » *(Ermattungsstrategie)* l'opposant à la stratégie qui visait à terrasser l'ennemi *(Niederwerfungsstrategie)*. Il s'agissait de deux tendances inconciliables. La ligne suivie par Kautsky était celle d'une adaptation de plus en plus profonde au régime existant. Et, dans ce cas, l'usure atteignait non pas la société bourgeoise, mais l'idéalisme révolutionnaire des masses ouvrières. Tous les philistins, tous les fonctionnaires, tous ceux qui voulaient faire carrière étaient partisans de Kautsky : il tissait pour eux les voiles idéologiques dont ils avaient besoin pour vêtir leur nudité.

La guerre arriva. A la stratégie d'usure en politique succéda la stratégie d'usure dans les tranchées. Kautsky s'adapta à la guerre tout aussi bien qu'il s'était adapté à la paix. Mais Rosa montra comment elle comprenait la fidélité à ses idées...

Il me souvient que l'on fêta chez Kautsky, le soixantième anniversaire de Ledebour. Parmi la dizaine d'invités était présent Auguste Bebel qui avait alors dépassé ses soixante-dix ans. C'était la période où le parti avait atteint son point culminant. L'unité dans la tactique semblait absolue. Les anciens enregistraient les succès et regardaient avec assurance du côté de l'avenir. Celui que l'on fêtait, Ledebour, dessina, au souper, des caricatures amusantes. C'est au cours de cette soirée intime que je fis connaissance de Bebel et de sa Julia. Ceux qui étaient là, et Kautsky comme les autres, tâchaient de saisir le moindre mot du vieil Auguste. Inutile de dire que j'écoutais aussi.

La personne de Bebel représentait la montée lente et obstinée de la classe nouvelle. Ce vieillard, de sèche apparence, semblait fait tout entier d'une volonté patiente mais infrangible, toujours tendue vers un seul but. Dans sa façon de penser, dans son éloquence, dans ses articles et ses livres,

Bebel se dispensait absolument de tous frais d'énergie spirituelle qui n'auraient pas répondu à une tâche pratique immédiate. En cela était la beauté particulière de son sentiment politique. Il donnait l'image de la classe qui s'instruit à ses rares heures de loisir, qui est avare de chaque minute et qui dévore ce qui lui est rigoureusement indispensable. Quelle incomparable figure ! Bebel mourut dans la période de la conférence de Bucarest qui suivit la guerre balkanique et précéda la grande guerre. C'est dans une gare, à Ploësci, en Roumanie, que j'appris la nouvelle. Elle me parut invraisemblable. « Bebel était mort. Qu'allait-il advenir de la social-démocratie ?... » Je me souviens aussitôt de ce qu'avait dit Ledebour de la vie intérieure du parti allemand : « 20 °/₀ de radicaux, 30 °/₀ d'opportunistes ; les autres suivant Bebel. »

Le successeur que Bebel se désignait par prédilection fut Haase. Ce qui séduisait le vieillard, c'était, sans aucun doute, l'idéalisme de Haase, non pas un large idéalisme révolutionnaire, qui n'existait pas en lui, mais un idéalisme plus étroit, plus personnel et vulgaire ; il se montra, par exemple, tout disposé à renoncer, dans l'intérêt du parti, à la riche clientèle qu'il avait comme avocat à Kœnigsberg. Sur ce sacrifice qui n'avait en somme rien de tellement héroïque, Bebel parla, étonnant fortement les révolutionnaires russes, même dans un discours au congrès du parti qui se tint, je crois, à Iena, et il recommanda avec insistance Haase comme vice-président du comité central du parti.

Je connaissais assez bien Haase. Après une des conférences du parti, nous fîmes ensemble un petit voyage en Allemagne ; nous visitâmes Nuremberg. Facile et attentif dans ses relations personnelles, Haase resta, en politique, jusqu'à la fin, une honnête médiocrité, un démocrate provincial, dépourvu de tempérament révolutionnaire, ainsi que de larges horizons comme théoricien. En philosophie, il disait, lui-même, non sans une certaine gêne, qu'il était kantiste. Dans toutes les situations critiques, il était enclin à s'abstenir des décisions qui ne permettent pas de retour en arrière, recourant à des demi-mesures et temporisant. Il n'est pas étonnant que le parti des indépendants l'ait élu plus tard comme un de ses leaders.

D'un tout autre type était Karl Liebknecht. Je l'ai connu durant de longues années, mais je ne le rencontrais qu'à de rares intervalles. Son logement à Berlin était le grand quartier général des émigrés russes. Lorsqu'il fallait faire entendre une protestation contre les services rendus au tsarisme par la police allemande, nous nous adressions d'abord à Liebknecht, qui allait frapper à toutes les portes et cogner sur tous les crânes. Marxiste instruit, Liebknecht n'était cependant pas un théoricien. C'était un homme d'action. Nature impulsive, passionnée, pleine d'abnégation, il possédait l'intuition politique, le sens des masses et des situations, une hardiesse incomparable dans l'initiative. C'était un révolutionnaire. C'est pourquoi il resta toujours à demi étranger dans la maison de la social-démocratie allemande où régnait une bureaucratie pondérée, constamment disposée à battre en retraite. Que de philistins et d'êtres vulgaires j'ai vus qui regardaient Liebknecht ironiquement, de haut en bas !

Au congrès social-démocrate d'Iena, qui se tint au début de septembre 1911, on me demanda, sur la proposition de Liebknecht, de parler des actes de violence commis par le gouvernement tsariste en Finlande. Mais, avant qu'on n'en fût arrivé à me donner la parole, on apprit par une dépêche que Stolypine venait d'être tué à Kiev. Bebel, aussitôt, m'accabla de questions : Que signifiait cet attentat ? Quel parti en pouvait être responsable ? N'allais-je pas attirer sur moi, en prononçant un discours, l'attention indésirable de la police allemande ?

— Vous craignez, — dis-je délicatement au vieillard, me rappelant ce qui s'était passé pour Quelch à Stuttgart, — vous craignez que mon discours ne provoque certaines difficultés ?...

— Oui, me répondit Bebel, je l'avoue, j'aimerais mieux que vous ne parliez pas.

— Dans ce cas, inutile d'y songer.

Bebel exhala un soupir de soulagement.

Un instant plus tard, Liebknecht accourait vers moi, tout anxieux :

— Est-il bien vrai qu'ils vous ont invité à vous taire ? Et vous avez consenti ?...

— Comment n'aurais-je pas consenti ? répliquai-je. C'est Bebel qui est le maître ici. Ce n'est pas moi.

Liebknecht donna issue à son indignation dans un discours où il attaqua avec la dernière violence le gouvernement du tsar, sans tenir compte des signes d'avertissement que lui faisaient les membres du bureau, redoutant des complications dans le genre d'une accusation de lèse-majesté.

Tout ce qui devait se passer plus tard apparaissait en germe dans ces petits épisodes...

*
* *

Lorsque les organisations syndicales tchèques se déclarèrent en opposition avec la direction allemande, les austromarxistes usèrent contre la scission d'une argumentation qui était assez habilement présentée sous un aspect d'internationalisme. Au congrès international de Copenhague, le rapport sur cette question fut fait par Plékhanov. Comme tous les Russes, il soutint intégralement et sans réserves la thèse des Allemands contre les Tchèques. C'était le vieil Adler qui avait posé la candidature de Plékhanov pour cette mission, estimant qu'en une affaire si délicate un Russe vaudrait mieux pour dénoncer le chauvinisme slave. Naturellement, je ne pouvais avoir rien de commun avec le misérablement étroit nationalisme de gens tels que Nemec Soukup, Smeral qui cherchaient avec insistance à me démontrer que les Tchèques avaient raison. Mais, en même temps, j'avais observé de trop près la vie intérieure du mouvement ouvrier autrichien pour accuser les Tchèques ou leur attribuer seulement la plus grave faute. Bien des choses prouvaient que, dans sa masse, le parti tchèque était plus radical que le parti austro-allemand et que le mécontentement légitime de la masse des ouvriers tchèques, à l'égard de la direction opportuniste qui leur venait de Vienne, était habilement utilisé par des chauvins tchèques, du genre de Nemec.

En route pour Copenhague, venant de Vienne, je rencontrai tout à fait par hasard, dans une des gares où il fallait changer de train, Lénine qui venait de Paris. Nous dûmes attendre à peu près une heure et il en résulta une longue causerie, très amicale dans la première partie, peu amicale dans la seconde. Je démontrais que la responsabilité de la scission des syndicats tchèques retombait avant tout sur la direction viennoise qui appelait, avec jactance, les ouvriers de tous les pays, et notamment les Tchèques, à la lutte, et qui finissait toujours par s'entendre, dans les coulisses, avec la monarchie. Lénine m'écouta avec le plus grand intérêt. Il avait une faculté spéciale d'attention lorsqu'il cherchait avec exigence dans les propos de son interlocuteur ce dont il avait besoin, et alors il évitait le regard de celui qui lui parlait, les yeux dirigés vers l'espace, loin, loin...

Cependant notre conversation prit un tout autre tour lorsque je parlai à Lénine de mon dernier article paru dans le *Vorwaerts*, sur la social-démocratie russe. Cet article avait été écrit pour le congrès et était une dure critique aussi bien pour les menchéviks que pour les bolchéviks.

Dans cette production, le point le plus grave était celui qui concernait les « expropriations ». Lorsque la révolution fut brisée, les expropriations à main armée et les attentats des terroristes devenaient inévitablement une cause de désorganisation pour le parti le plus révolutionnaire. Le congrès de Londres, par les voix des menchéviks, des Polonais et d'une partie des bolchéviks, avait interdit les expropriations. Des cris s'élevèrent :

— Et Lénine ? Et Lénine ?...

Énigmatique, il se contentait de rire.

Les expropriations continuèrent après le congrès de Londres, nuisant au parti. C'est sur ce point que j'avais porté le coup dans le *Vorwaerts*.

— Est-il possible que vous ayez écrit cela ? s'écriait Lénine d'un ton de reproche, lorsque, sur ses instances, je lui communiquai, de mémoire, les principales idées et formules de mon article. Ne pourrait-on, par un télégramme, empêcher la publication ?

— Non, répondis-je, l'article doit paraître ce matin. Et puis, pourquoi en arrêter la publication ? L'article est juste.

En réalité, l'article n'était pas juste, car il visait à une reconstitution du parti par la fusion des bolchéviks et des menchéviks qui auraient retranché tous les extrémistes ; or, le parti se refit grâce à la lutte implacable que menèrent les bolchéviks contre les menchéviks.

Lénine tenta d'obtenir de la délégation russe un blâme pour mon article. Ce fut, de toute notre vie, le moment où le conflit fut le plus aigu entre nous. En outre, Lénine était alors mal portant, il souffrait affreusement des dents, il avait la figure enveloppée d'un bandeau.

L'ensemble de la délégation se montra assez hostile à l'égard de l'article et de son auteur, car les menchéviks n'étaient pas moins mécontents d'un écrit qui, pour les principes, était surtout dirigé contre eux.

En octobre 1910, Axelrod écrivait à Martov :

« Et comme son article dans la *Neue Zeit* était révoltant ! Plus révoltant encore que celui du *Vorwaerts*... »

Lounatcharsky écrit ceci :

« Plékhanov, qui ne pouvait souffrir Trotsky, mit à profit cette circonstance et organisa une sorte de conseil de discipline pour le juger. Il me parut que c'était injuste, je parlai assez énergiquement en faveur de Trotsky et, d'une façon générale, avec l'aide de Riazanov, je contribuai à détruire le plan formé par Plékhanov. »

En majorité, les délégués ne connaissaient l'article que par ce qu'on leur en avait raconté. J'en exigeai la lecture. Zinoviev prétendit prouver qu'il n'était nullement nécessaire d'avoir lu cet écrit pour le condamner. La majorité ne fut pas de son avis. Ce fut, je m'en souviens, Riazanov qui lut à haute voix l'article et qui le traduisit.

D'après les propos qui furent tenus dans les couloirs, l'article avait paru tellement épouvantable qu'à la lecture on eut une impression toute contraire : on le jugea inoffensif. L'écrasante majorité de la délégation russe rejeta le blâme.

Ce qui ne m'empêche pas, maintenant, de condamner mon article où j'appréciais mal la fraction des bolchéviks.

Sur la question des syndicats tchèques, la délégation russe vota au congrès pour la résolution de Vienne, contre celle de Prague. J'essayai d'introduire un amendement, mais je n'eus pas de succès. En fin de compte, je ne voyais pas bien moi-même quel « amendement » il convenait d'apporter à toute la politique de la social-démocratie. Pour corriger bien, il eût fallu déclarer à cette social-démocratie la guerre sainte. Mais nous ne nous engageâmes dans cette voie qu'en 1914.

CHAPITRE IV

LA PRÉPARATION D'UNE AUTRE RÉVOLUTION

Mon travail, pendant les années de la réaction a consisté pour une bonne part en commentaires sur la révolution de 1905 et en une préparation théorique pour l'autre révolution.

Peu après mon arrivée à l'étranger, je fis une tournée dans les colonies russes d'émigrés et d'étudiants, leur lisant deux conférences : l'une sur *Le sort de la révolution russe* (en fonction de la situation politique actuelle) ; l'autre intitulée : *Capitalisme et socialisme* (perspectives de révolution sociale). La première de ces conférences démontrait que la perspective de la révolution russe, en tant que révolution permanente, était confirmée par l'expérience de 1905. La seconde conférence rattachait la révolution russe à la révolution mondiale.

A dater d'octobre 1908, j'éditai à Vienne un journal russe, *Pravda,* destiné aux masses ouvrières. Ce journal parvenait en Russie par des moyens de contrebandiers, soit par la frontière galicienne, soit par la mer Noire. Il parut pendant trois ans et demi, il fut tout au plus bi-mensuel, mais sa préparation exigeait un travail considérable et minutieux. La correspondance secrète avec la Russie prenait beaucoup de temps. Je me trouvais en outre en liaison avec l'union illégale des marins de la mer Noire que j'aidais pour la publication de leur journal.

Mon principal collaborateur à la *Pravda* fut A. A. Joffe, qui devint dans la suite le diplomate soviétique bien connu. C'est de notre séjour à Vienne que date notre amitié.

Joffe était un homme de haute valeur par ses idées, d'une grande douceur personnelle et d'un dévouement à la cause que rien ne pouvait ébranler. Il donnait à la *Pravda* ses forces comme ses ressources.

Souffrant d'une affection nerveuse, il suivit un traitement psychanalytique chez le fameux docteur viennois Alfred Adler, qui avait débuté comme disciple du professeur Freud mais qui, ensuite, fit opposition à son maître et créa sa propre école de psychologie individuelle. Par l'intermédiaire de Joffe, je pris connaissance des problèmes de la psychanalyse qui me parurent extrêmement séduisants, quoique bien des choses dans ce domaine restent encore flottantes et fragiles, ouvrant toute carrière à la fantaisie et à l'arbitraire.

J'eus pour autre collaborateur l'étudiant Skobélev, qui devait être plus tard ministre du travail dans le cabinet Kérensky. Lorsque nous nous retrouvâmes en 1917, nous étions des ennemis.

Pendant un certain temps, le secrétaire général de la *Pravda* fut Victor Kopp, maintenant ministre des soviets en Suède.

Pour une affaire qui intéressait la *Pravda* de Vienne, Joffe se rendit en Russie. Il fut arrêté à Odessa, resta longtemps emprisonné, et fut ensuite déporté en Sibérie. Il ne devait être délivré que par la révolution de mars 1917.

Joffe fut un des artisans les plus actifs de la révolution d'Octobre. Le courage personnel de cet homme gravement malade était véritablement merveilleux. Je vois encore, comme si nous y étions, cette figure un peu corpulente s'avançant sous un ciel d'automne, à travers un champ que fouillent les obus, aux approches de Pétersbourg, en 1919. En son vêtement distingué de diplomate, la canne à la main, avec un affable sourire sur son calme visage, exactement comme s'il se promenait *Unter den Linden*, Joffe regardait avec curiosité les explosions de projectiles qui avaient lieu tout près de nous, sans accélérer et sans ralentir son allure.

C'était un bon orateur, réfléchi et prenant à l'âme ; comme écrivain, il valait autant. Dans tous ses travaux, il se montrait méticuleux, qualité qui manque tellement à bien des révolutionnaires. Lénine appréciait hautement le travail diplomatique de Joffe. J'ai été lié plus étroitement que personne avec cet homme pendant de nombreuses années. Son dévouement dans l'amitié et sa fidélité aux idées n'avaient rien de comparable.

Il finit tragiquement. De graves maladies héréditaires le rongeaient. Il ne souffrait pas moins de la persécution éhontée qu'exerçaient les épigones à l'égard des marxistes. N'ayant plus la possibilité de combattre sa maladie, ni par conséquent de poursuivre une lutte politique, Joffe se suicida pendant l'automne de 1927. La lettre qu'il écrivit pour moi avant de mourir fut volée, sur sa table de nuit, par les agents de Staline. Les lignes qui en appelaient à une attention affectueuse furent arrachées du texte, falsifiées, mensongèrement rapportées par Iaroslavsky et d'autres individus moralement déchus. Cela n'empêchera pas le nom de Joffe d'être inscrit pour toujours dans le livre de la révolution, comme un des plus beaux.

Pendant la période la plus sombre, la plus fermée aux espoirs, de la réaction, Joffe et moi attendîmes en toute assurance une nouvelle révolution et précisément dans la forme qu'elle devait prendre en 1917.

Svertchkov, qui, en ces années-là, était menchévik, et qui est maintenant un staliniste, écrit dans ses souvenirs sur la *Pravda* de Vienne :

« Dans ce journal, il [Trotsky] continuait avec persévérance et entêtement à soutenir l'idée d'une révolution russe « permanente », c'est-à-dire qu'il démontrait qu'une fois commencée, la révolution ne pourrait s'arrêter avant d'avoir amené le renversement du capitalisme et l'établissement du régime socialiste dans le monde entier. On se moquait de lui, on l'accusait d'être un romantique et de bien d'autres péchés, du côté des bolchéviks comme de celui des menchéviks, mais il persistait, il maintenait son point de vue, sans s'arrêter aux attaques. »

En 1909, je caractérisais comme il suit les rapports révolutionnaires entre le prolétariat et les paysans, dans la revue polonaise de Rosa Luxembourg :

« Le crétinisme local est la malédiction historique des mouvements ruraux. L'ineptie politique du moujik qui démolissait tout chez le seigneur du village pour s'emparer de sa terre et qui, ensuite, ayant revêtu la blouse du soldat, allait tirer sur les ouvriers, a brisé le premier flot de la révolution russe (1905). Tous les événements de cette révolution peuvent être considérés comme une série d'impitoyables leçons de choses, au moyen desquelles l'histoire fait entrer dans les têtes des paysans l'idée d'une liaison entre le besoin qu'ils éprouvent de posséder des terres et le problème central d'un nouveau pouvoir d'État. »

Citant l'exemple de la Finlande, où la social-démocratie avait pris une formidable importance dans les campagnes, je concluais ainsi :

« Quelle ne sera pas la nouvelle influence que conquerra chez les paysans notre parti, au cours et par suite de la direction qu'il prendra d'un nouveau mouvement, infiniment plus étendu, des masses de la ville et des villages ! Cela sera, bien entendu, si nous ne déposons pas nous-mêmes les armes, redoutant les séductions du pouvoir politique vers lequel nous portera inévitablement le flot nouveau. »

Est-ce ainsi que l'on « ignore la classe paysanne » ou que l'on « saute par-dessus la question agraire » ?

Le 4 décembre 1909, lorsque la révolution semblait écrasée pour toujours et sans espoir de relèvement, j'écrivais dans la *Pravda* : « Dès à présent, à travers les noires nuées de réaction qui nous couvrent, nous entrevoyons la lueur d'un nouvel octobre victorieux. »

Les libéraux n'étaient pas seuls à railler ces paroles : les menchéviks faisaient de même ; à tous il semblait que c'étaient là des cris déclamatoires pour la propagande, et rien de plus. Le professeur Milioukov, auquel on doit en partie l'invention du terme « le trotskysme », me répliquait :

« L'idée d'une dictature du prolétariat est tout à fait enfantine et pas un homme en Europe ne la soutiendra. »

Néanmoins, en 1917, eurent lieu des événements qui ont dû fortement ébranler la superbe assurance du professeur libéral.

Pendant les années de la réaction, je m'occupai des problèmes de la situation générale du commerce et de l'industrie, sur le plan mondial comme à l'échelle nationale. C'était l'intérêt de la révolution qui me guidait : je cherchais à m'expliquer la dépendance mutuelle des fluctuations commerciales et industrielles, d'une part, et, d'autre part, des phases du mouvement ouvrier et de la lutte révolutionnaire. Sur ce point, comme dans toutes les questions du même ordre, je me gardais surtout d'établir une dépendance automatique de la politique à l'égard de l'économie. Les réactions mutuelles devaient être déduites du processus pris dans son ensemble.

Je me trouvais encore en Bohême, dans la petite ville de Hirschberg quand il y eut à la Bourse de New-York *a black Friday*. Cette journée présageait une crise mondiale qui devait fatalement gagner la Russie, secouée par la guerre qu'elle avait menée avec le Japon et par la révolution. Quelles seraient les conséquences de cette crise ?

L'opinion qui prédominait dans le parti, et il faut ajouter dans ses deux fractions, était que la crise provoquerait une aggravation de la lutte révolutionnaire. J'adoptai un autre point de vue. Après une période de grandes batailles et de grandes défaites, une crise agit sur la classe ouvrière non pour l'exalter, mais pour l'accabler : elle lui enlève toute confiance en ses propres forces et décompose en elle les forces politiques. Il faut qu'une nouvelle animation dans la vie industrielle vienne alors resserrer le prolétariat, le régénérer, lui redonner de l'assurance, le rendre capable de poursuivre la lutte.

Cette prévision parut sujette à critique et à défiance. Les économistes officiels du parti développaient, en outre, cette idée qu'en régime de contre-révolution un redressement industriel n'était en général pas possible.

M'opposant à eux, je partais de ce point qu'une nouvelle animation de la vie politique était inévitable, que ce relèvement devait susciter une nouvelle vague de grèves. Après quoi une nouvelle crise économique pourrait donner une impulsion à la lutte révolutionnaire.

Ces prévisions furent entièrement justifiées. Le redressement industriel eut lieu en 1910, indépendamment de la contre-révolution. Aussitôt se déclencha un mouvement de grèves. La fusillade dirigée, en 1912, contre les ouvriers des gisements aurifères de la Léna eut un écho formidable dans tout le pays. En 1914, lorsque la crise fut indubitable, Pétersbourg devint l'arène des barricades ouvrières. Poincaré a pu s'en rendre compte quand il vint en visite chez le tsar, à la veille de la guerre.

Cette expérience théorique et politique eut pour moi une valeur inappréciable dans la suite. Au IIIe congrès de l'Internationale communiste, je dressai contre moi l'écrasante majorité des délégués lorsque j'affirmai avec insistance qu'un redressement économique de l'Europe d'après-guerre était inévitable et serait la condition première de nouvelles crises révolutionnaires. Bien plus récemment, j'eus encore à reprocher au VIe congrès de l'I. C. de n'avoir pas du tout compris le revirement économique et politique qui s'était produit en Chine, de s'être trompé en espérant, après les cruelles défaites qu'a subies la révolution dans ce pays, une reprise du mouvement révolutionnaire comme conséquence de l'aggravation de la crise économique intérieure.

La dialectique de ce processus n'est pas tellement complexe en soi. Mais il est plus aisé de la formuler dans les grandes lignes que de la découvrir, une fois de plus, en chaque occasion qui se présente, dans les faits mêmes de la vie. Je me heurte du moins, sur cette question, jusqu'à ce jour, à des préjugés des plus tenaces qui, en politique, conduisent à des fautes grossières et à de très pénibles conséquences.

Dans les appréciations que donnait la *Pravda* sur les destinées ultérieures du menchévisme et sur les tâches d'organisation du parti, elle était loin d'atteindre à la clairvoyance de Lénine. J'espérais encore que la révolution prochaine forcerait les menchéviks à s'engager, comme en 1905, dans la voie révolutionnaire. Je n'accordais pas assez d'importance à la sélection idéologique préparatoire, à la trempe politique qu'il faut d'abord acquérir. Dans les questions de développement à l'intérieur du parti, je péchais par une sorte de fatalisme *socialo-révolutionnaire.* C'était une position erronée. Mais elle était incalculablement supérieure au fatalisme *bureaucratique*, dépourvu d'idéologie, qui distingue la majorité de mes critiques actuels dans le camp de l'Internationale communiste.

En 1912, lorsque l'on constata sans le moindre doute un nouveau redressement politique, je tentai de convoquer une conférence d'unification de toutes les fractions de la social-démocratie. En cette période, je n'étais pas seul à espérer la reconstitution de l'unité de la social-démocratie russe : l'exemple de Rosa Luxembourg en est la preuve. Pendant l'été de 1911, elle écrivit :

> « Malgré tout, l'unité du parti peut être sauvegardée si l'on *contraint* les deux fractions à convoquer une conférence commune. »

En août 1911, elle répétait :

> « Le seul moyen de sauver l'unité est de réaliser une conférence générale, composée de gens envoyés de Russie, car ceux qui vivent là-bas veulent la paix entre eux et l'unité, et ils sont la seule force qui puisse mettre à la raison nos coqs de l'étranger. »

Parmi les bolchéviks eux-mêmes, les tendances à la conciliation étaient alors très fortes et je ne perdais pas l'espoir que cela engagerait Lénine aussi à participer à la conférence. Pourtant, il s'opposa de toutes ses forces à l'unification. Toute la suite des événements a démontré que Lénine avait eu raison.

La conférence eut lieu à Vienne en août 1912, sans l'assistance des bolchéviks, et je me trouvai, formellement, engagé dans un « bloc » avec les menchéviks et certains groupes de bolchéviks-dissidents. Ce bloc n'avait pas de base politique ; sur toutes les questions essentielles, j'étais en désaccord avec les menchéviks. La lutte contre eux reprit dès le lendemain de la clôture de la conférence. Quotidiennement, de graves conflits surgissaient, provoqués par la profonde opposition des deux tendances : celle de la révolution sociale et celle du réformisme démocratique.

Le 4 mai, peu avant la conférence, Axelrod écrivait ceci :

« De la lettre de Trotsky, il m'est resté l'impression très pénible qu'il ne désire pas se rapprocher effectivement, sérieusement, de nous et des amis que nous avons en Russie... pour un travail commun contre l'ennemi commun. »

En effet, je n'avais pas et je ne pouvais avoir l'intention de m'unir avec les menchéviks pour combattre... les bolchéviks,

Après la conférence, Martov se plaint, dans une lettre à Axelrod, de voir que Trotsky reprend « les pires manières de l'individualisme littéraire de Lénine et de Plékhanov ».

La correspondance d'Axelrod et de Martov qui a été publiée voici quelques années témoigne de la haine avérée qu'ils avaient pour moi. Bien qu'il y eût entre eux et moi un abîme, je n'ai jamais éprouvé le même sentiment à leur égard. Et maintenant encore, j'évoque avec reconnaissance ce dont je leur fus redevable en mes jeunes années.

L'épisode de ce qu'on a appelé « le bloc d'août » est relaté dans tous les manuels « antitrotskystes » de l'époque des épigones. Pour les novices et les ignorants, on représente en outre le bolchévisme comme étant sorti tout armé du laboratoire de l'histoire. Or, l'histoire de la lutte entre bolchéviks et menchéviks est aussi l'histoire d'incessantes tentatives d'unification. Quand Lénine rentra en Russie, en 1917, il fit un dernier effort pour traiter avec les menchéviks-internationalistes. Lorsque je rentrai d'Amérique, en mai, la majorité des organisations social-démocrates en province se composait de bolchéviks et de menchéviks unifiés. A la conférence du parti qui avait eu lieu en mars 1917, peu de temps avant l'arrivée de Lénine, Staline prêchait l'union avec le parti de Tsérételli. Même après la révolution d'Octobre, Zinoviev, Kaménev, Rykov, Lounatcharsky et des dizaines d'autres luttèrent en acharnés pour une coalition avec les socialistes-révolutionnaires et les menchéviks. Et ce sont ces hommes qui, maintenant, essaient de prolonger leur existence idéologique en répandant d'épouvantables histoires sur la conférence d'unification qui se tint à Vienne en 1912 !

La *Kievskaïa Mysl* me proposa de partir comme correspondant de guerre pour les Balkans. Cette offre était d'autant plus opportune que de toute évidence, la conférence d'août avait déjà avorté. Je sentais le besoin de m'arracher, au moins pour quelque temps, aux affaires de l'émigration russe. Plusieurs mois passés sur la péninsule balkanique, en temps de guerre, me furent d'un grand enseignement.

Je me rendis en septembre dans le Sud-Orient. D'avance, je croyais la guerre non seulement probable, mais inévitable. Mais lorsque, sur le pavé de Belgrade, je vis de longues files de réservistes, lorsque je vis clairement qu'aucun retour en arrière n'était possible, que la guerre serait, qu'elle aurait lieu dans quelques jours, lorsque j'appris que quelques hommes bien connus de moi portaient déjà le fusil sur la frontière et qu'ils seraient forcés, les premiers, de tuer et de mourir, la guerre que j'avais envisagée si légèrement dans mes pensées et mes articles me parut invraisemblable, impossible. Je regardai passer comme un fantôme tel régiment qui partait pour le front, — le 18e d'infanterie, — en uniforme kaki, ayant pour chaussures des *lapti* et des brins de verdure au bonnet. Ces chaussons de teille et ce feuillage sur la tête, avec un complet équipement pour la bataille, donnaient aux soldats l'air de victimes destinées au sacrifice. Et rien ne pouvait être aussi poignant en ce moment, aussi intolérable, rien ne marquait mieux la folie de la guerre, que ces branchettes et ces chaussons de moujiks. Combien la génération actuelle a distancé les habitudes et les états d'âme de 1912 ! Je comprenais fort bien, dès lors, qu'un point de vue de moraliste humanitaire sur le processus historique est tout ce qu'il y a de plus stérile. Mais je n'en étais pas aux explications, je vivais un sentiment. Mon âme était pénétrée directement, indiciblement, par le tragique de l'histoire : impuissance devant le destin, cuisante douleur pour ces nuées de sauterelles que sont les hommes.

La guerre fut déclarée deux ou trois jours après.

« En Russie, écrivais-je, vous le savez et vous y croyez ; mais moi, ici, je ne puis y croire. Cette combinaison de choses tout ordinaires, quotidiennes, humaines, — poules, cigares, gamins morveux, aux pieds nus, — avec le fait incroyablement tragique de la guerre, — ne me rentre pas dans la tête. Je sais que la guerre est déclarée, qu'elle est commencée, mais je n'ai pas encore appris à y croire. »

Il fallut pourtant bien y croire, et pour longtemps.

Les années 1912-1913 me permirent de connaître de près la Serbie, la Bulgarie, la Roumanie, et — de savoir ce que c'est que la guerre. Ce fut, sous beaucoup de rapports, une importante préparation non seulement à 1914, mais à 1917. Dans mes articles, j'ouvris la lutte contre l'imposture du slavophilisme, contre le chauvinisme en général, contre les illusions de la guerre, contre les méthodes scientifiquement organisées du bourrage de crânes.

La rédaction de la *Kievskaïa Mysl* eut assez de cran pour imprimer l'article dans lequel je racontais les atrocités commises par des Bulgares sur des Turcs blessés et prisonniers et dénonçais le complot du silence observé dans la presse russe.

Il s'ensuivit une tempête d'indignation dans la presse libérale. Le 30 janvier 1913, je posai à Milioukov une question « extra-parlementaire » sur les actes de sauvagerie commis par des « Slaves » contre des Turcs. Cloué au mur, Milioukov, défenseur juré de la Bulgarie officielle, essaya vainement de s'en tirer par des balbutiements. La polémique dura quelques semaines. Il était inévitable que les journaux du gouvernement insinuassent que, sous le pseudonyme d'Antide Oto, se cachait non seulement un émigré, mais un agent de l'Autriche-Hongrie.

Le mois que je passai en Roumanie me lia avec Dobrujanu-Gherea et consolida à tout jamais mon amitié avec Rakovsky, que je connaissais depuis 1903.

Dobrujanu, révolutionnaire russe des années 1870-1880, s'était arrêté « en passant », en Roumanie, à la veille de la guerre russo-turque ; les circonstances l'amenèrent à y rester. Quelques années plus tard, notre compatriote, sous le nom de Gherea, prit une grande influence d'abord sur les intellectuels roumains, puis sur les ouvriers avancés. La critique littéraire, basée sur la vie sociale, fut le principal domaine dans lequel Gherea forma la conscience de l'avant-garde des intellectuels roumains. Partant de questions d'esthétique et de morale individuelle, il conduisait au socialisme scientifique. La plupart des hommes politiques de la Roumanie, de presque tous les partis, ont passé dans leur jeunesse par une courte école de marxisme sous la direction de Gherea. Ce qui ne les a pas empêchés d'ailleurs, en leurs années de maturité, de mener une politique de banditisme réactionnaire.

Ch. G. Rakovsky est une des figures les plus internationales dans le mouvement européen. Bulgare d'origine, natif de la ville de Kotel, qui est au cœur même de la Bulgarie, mais sujet roumain parce que la carte le voulait ainsi, médecin formé à l'école française, russe par ses liaisons, ses sympathies et ses ouvrages, Rakovsky possède toutes les langues des Balkans et quatre langues européennes ; en diverses périodes, il a activement participé à la vie intérieure de quatre partis socialistes : bulgare, russe, français et roumain, — pour devenir ensuite un des leaders de la fédération des soviets, un des fondateurs de l'Internationale communiste, le président du soviet des commissaires du peuple de l'Ukraine, le représentant diplomatique de l'U. R. S. S. en Angleterre et en France, et pour partager le sort de l'opposition de gauche. Les caractéristiques personnelles de Rakovsky, de larges vues sur la situation internationale et une profonde noblesse d'âme, l'ont rendu particulièrement odieux à Staline qui incarne les traits exactement opposés.

En 1913, Rakovsky fut l'organisateur et le leader du parti socialiste roumain qui devait, plus tard, adhérer à l'Internationale communiste. Le parti grandissait. Rakovsky était le directeur de son journal quotidien et lui fournissait des fonds. Au bord de la mer Noire, non loin de Mangalia, Rakovsky possédait par héritage une petite propriété dont le revenu servait à soutenir le parti socialiste roumain et un bon nombre de groupes et personnalités révolutionnaires dans d'autres pays. Rakovsky passait trois jours par semaine à Bucarest, écrivant des articles, dirigeant les séances du comité central, parlant dans des meetings, conduisant des manifestations. Ensuite, il prenait le train pour regagner le rivage de la mer Noire, rapportant chez lui de la ficelle, des clous, divers objets indispensables. Il allait aux champs, vérifiant le travail d'un nouveau tracteur, courant derrière la machine, dans le sillon, en redingote de citadin. Le surlendemain, Rakovsky rentrait en ville au plus vite pour ne pas manquer un meeting ou une séance. Je l'accompagnais dans ses voyages et admirais cette énergie bouillonnante, infatigable, cette constante fraîcheur d'esprit, et tant de caressantes attentions à l'égard des petites gens. Dans la rue de Mangalia, Rakovsky, en un quart d'heure, passait de la langue roumaine au turc, du turc au bulgare, puis à l'allemand et au français, s'adressant à des colons et représentants de commerce ; il en venait au russe avec des *skoptsy* qui habitaient les environs en grand nombre. Ses propos étaient ceux d'un propriétaire, d'un docteur, d'un Bulgare, d'un sujet roumain et, plus souvent encore, d'un socialiste. C'est ainsi qu'il passa devant mes yeux, miracle vivant, dans les rues de cette petite ville écartée, insouciante, paresseuse, du bord de la mer. Mais, la nuit venue, il roulait dans le train, à toute vitesse, vers le champ de bataille. Et il se sentait aussi bien, il avait la même assurance à Bucarest qu'à Sofia, à Paris, à Pétersbourg ou à Kharkov.

*
* *

Les années de ma deuxième émigration furent celles de ma collaboration à la presse démocratique russe. Je débutai dans la *Kievskaïa Mysl* par un grand article sur la revue munichoise *Simplicissimus* qui, pendant un certain temps, m'intéressa à tel point que j'en feuilletai attentivement tous les cahiers depuis le premier de la collection : les dessins de T. T. Heine étaient alors encore tout pénétrés d'un vif sentiment social.

Vers le même temps, j'étudiai de plus près la littérature allemande contemporaine. J'écrivis même sur Wedekind un grand article de critique sociale, car on s'occupait de plus en plus de lui en Russie à mesure que déclinaient les élans révolutionnaires.

La *Kievskaïa Mysl* était, dans le Midi, le journal radical le plus répandu, et il se colorait de marxisme. Un quotidien de cette sorte ne pouvait exister qu'à Kiev où la vie industrielle est peu avancée, où les antagonismes de classes ne sont pas développés, où il existe de grandes traditions de radicalisme intellectuel. *Mutatis mutandis*, on peut dire que ce journal radical fut fondé à Kiev pour les mêmes raisons qui appelèrent à Munich l'apparition du *Simplicissimus*.

J'écrivais pour la *Mysl* des articles très variés, parfois très risqués au point de vue de la censure. Souvent, de petits articles étaient le résultat d'un grand travail préparatoire. Bien entendu, je ne pouvais pas dire, dans un journal qui paraissait légalement et qui n'appartenait pas au parti, tout ce que j'avais envie de dire. Mais je n'écrivais jamais ce que je ne voulais pas dire. Les articles que j'ai donnés à la *Kievskaïa Mysl* ont été reproduits en plusieurs tomes par les éditions des soviets. Je n'ai pas eu à renier une ligne de ce que j'avais écrit. Peut-être n'est-il pas inutile de rappeler maintenant que j'ai collaboré à la presse bourgeoise avec l'assentiment formel du comité central où Lénine avait pour lui la majorité.

J'ai déjà dit que, dès notre arrivée, nous nous étions installés en banlieue.

« Hutteldorf, a écrit ma femme, me plut. Le logement était meilleur que nous ne l'avions pu espérer, car ici les villas se louaient d'ordinaire au printemps, et nous prîmes logis pour l'automne et l'hiver. De nos fenêtres s'apercevaient les montagnes, toutes colorées du rouge sombre automnal. On pouvait gagner le large par une porte à claire-voie, sans passer par la rue. En hiver, le dimanche, des Viennois, traînant des luges, portant des skis, couverts de sweaters, coiffés de petits bonnets aux couleurs vives, passaient par chez nous, en route vers la montagne. En avril, nous dûmes quitter les lieux, le prix de la location étant doublé : déjà, dans le jardin et au-delà, fleurissaient les violettes qui embaumaient les chambres, par les fenêtres ouvertes. C'est là que naquit Sérioja. Nous dûmes déménager vers un endroit plus démocratique, Sievering.

« Nos enfants parlaient le russe et, en même temps, l'allemand. Au « jardin d'enfants » et à l'école, ils s'expliquaient en allemand ; à la maison, jouant ensemble, ils continuaient à parler la même langue ; mais, dès que leur père ou moi les interpellions, ils revenaient à l'emploi du russe. Lorsque nous leur parlions allemand, ils éprouvaient une certaine gêne et répondaient en russe.

Au cours des dernières années, ils s'assimilèrent le parler viennois et le possédèrent merveilleusement.

« Ils aimaient à fréquenter la famille Kliatchko, dans laquelle le maître de maison, sa femme et leurs enfants déjà grands avaient pour eux nombre d'attentions, leur montraient bien des choses intéressantes et leur faisaient de beaux cadeaux.

« Nos enfants aimaient aussi Riazanov, le bien connu commentateur de Marx. Riazanov, qui habitait alors à Vienne, frappait l'imagination de nos garçons par ses prouesses de gymnaste et leur plaisait par tout le bruit qu'il faisait. Un jour, notre cadet, chez le coiffeur, attendait d'être tondu, et j'étais assise là : du doigt, Sérioja me fit signe pour m'appeler et me dit à l'oreille :

« — Je veux qu'il me coiffe comme Riazanov.

« Il avait été séduit par le vaste crâne chauve de Riazanov, qui n'était pas comme la tête des autres, mais beaucoup mieux.

« Lorsque Liovik entra à l'école, la question du catéchisme se posa. Selon la loi autrichienne de l'époque, les enfants devaient être éduqués jusqu'à quatorze ans dans la foi de leurs pères. Comme il n'y avait aucune indication de religion dans nos papiers d'identité, nous choisîmes pour nos enfants la confession luthérienne, religion qui nous parut la plus portative pour leurs jeunes épaules, pour leurs jeunes âmes.

« Le dogme de Luther était enseigné par une institutrice, dans l'école même, mais en dehors des heures de classe proprement dites. Ces leçons plaisaient à Liovik, cela se voyait à sa frimousse, mais il ne jugeait pas utile de s'exprimer longuement là-dessus à la maison. Un soir, comme il était déjà couché, je l'entendis chuchoter quelque chose dans son lit. Je lui demandai de quoi il parlait. Il me répondit :

« — C'est une prière. Tu sais, il y a des prières très jolies. C'est comme des vers. »

Dès l'époque de ma première émigration, mes parents firent quelques premiers voyages à l'étranger. Ils vinrent me voir à Paris ; ensuite, à Vienne, ils m'amenèrent ma fille aînée qu'ils avaient gardée chez eux, au village. En 1910, ils vinrent à Berlin. Vers ce temps, ils s'étaient déjà définitivement résignés à me voir suivre ma destinée. Dans ce sens, le dernier argument-massue fut, semble-t-il, la publication de mon premier livre en allemand.

Ma mère était gravement malade, d'une actinomycose. Elle endura, pendant ses dix dernières années, ses souffrances comme une charge de plus, sans cesser de travailler. On lui fit, à Berlin, l'ablation d'une glande rénale. Elle avait alors soixante ans. Dans les premiers mois qui suivirent l'opération, sa santé redevint florissante. Le cas fut assez largement remarqué dans le monde médical. Mais la maladie reprit bientôt son cours et, en quelques mois, l'emporta. Ma mère est morte à Ianovka où elle avait passé son existence de travailleuse et élevé ses enfants.

Ce grand chapitre sur mon séjour à Vienne ne serait pas complet si j'omettais de dire que nos amis les plus intimes, en cet endroit, furent le vieil émigré S. L. Kliatchko et sa famille. Toute l'histoire de ma deuxième émigration est liée étroitement à la vie de cette famille, qui était un véritable foyer de larges intérêts politiques, et, en général, de préoccupations intellectuelles, où l'on faisait de la musique, où l'on parlait quatre langues, où l'on entretenait les relations les plus variées avec des personnalités européennes.

La mort du chef de cette famille, Sémion Lvovitch, en avril 1914, fut pour ma femme et pour moi un grand deuil.

Léon Tolstoï a écrit de son frère Serge, qui était richement doué, qu'il ne lui avait manqué que quelques petits défauts pour devenir un grand artiste.

On pourrait en dire autant de Sémion Lvovitch : il avait tout ce qu'il fallait pour devenir un homme politique remarquable, sauf les défauts indispensables.

Dans la famille Kliatchko, nous avons toujours trouvé de l'assistance et de l'amitié, et nous avions fréquemment besoin de l'une ou de l'autre.

Les honoraires que je recevais de la *Kievskaïa Mysl* auraient été tout à fait suffisants pour notre modeste existence. Mais il y eut des mois où le travail que je faisais pour la *Pravda* m'empêchait d'écrire une seule ligne rétribuée. Alors, il y avait crise. Ma femme connaissait fort bien le chemin du mont-de-piété, et je vendis plus d'une fois aux bouquinistes des livres que j'avais achetés en des jours plus fortunés. Il arriva que notre humble mobilier fût saisi comme garantie du loyer. Nous avions deux petits enfants ; nous n'avions pas de bonne pour les garder. Notre vie pesait doublement sur ma femme. Elle trouvait, malgré tout, encore du temps et des forces pour m'aider dans mon travail révolutionnaire.

CHAPITRE V

LE COMMENCEMENT DE LA GUERRE

On vit apparaître sur les palissades et murs de Vienne cette inscription : *Alle Serben müssen sterben !* » C'était devenu le cri de rappel des gamins de la rue. Notre cadet, Sérioja, toujours animé de l'esprit de contradiction, s'écria sur la pelouse de Sievering : « *Hoch Serbien !* » Il rentra à la maison couvert de bleus, ayant fait sa première expérience de politique internationale.

Buchanan, l'ancien ambassadeur de Grande-Bretagne à Pétersbourg, parle avec enthousiasme dans ses mémoires des « merveilleuses premières journées d'août », pendant lesquelles la Russie lui parut « complètement transfigurée ». On peut trouver l'expression du même ravissement dans les souvenirs d'autres hommes d'État, bien qu'ils n'aient pas incarné aussi intégralement l'infatuation bornée des classes dirigeantes. Dans tous les centres européens, les journées d'août furent également « merveilleuses », tous les pays apparurent « transfigurés » pour travailler à leur destruction mutuelle.

L'élan patriotique des masses en Autriche-Hongrie fut, de tous, le plus inattendu. Qu'est-ce qui pouvait bien pousser l'ouvrier cordonnier de Vienne, Pospeszil, moitié Allemand, moitié Tchèque, ou notre marchande de légumes, Frau Maresch, ou le cocher Frankl, à manifester sur la place, devant le ministère de la Guerre ? Une idée nationale ? Laquelle ? L'Autriche-Hongrie était la négation même de l'idée de nationalité. Non, la force motrice était ailleurs.

Il existe beaucoup de gens de cette sorte, dont toute vie, jour après jour, se passe dans une monotonie sans espoir. C'est sur eux que repose la société contemporaine. Le tocsin de la mobilisation générale intervient dans leur existence comme une promesse. Tout ce dont on a l'habitude et la nausée est rejeté ; on entre dans le royaume du neuf et de l'extraordinaire. Les changements qui doivent se produire par la suite sont encore moins prévisibles. Peut-on dire que cela ira mieux ou plus mal ? Mieux, bien sûr... Comment Pospeszil trouverait-il pire que ce qu'il a connu en temps « normal » ?

Je rôdais par les rues centrales de cette Vienne que je connaissais si bien et j'observais la foule qui peuplait d'une façon si insolite le quartier chic du Ring : là, des espoirs s'étaient éveillés. Et ces espoirs ne s'étaient-ils pas partiellement réalisés déjà ? En tout autre temps, est-ce que des facteurs du chemin de fer, des blanchisseuses, des cordonniers, des ouvriers et des apprentis des faubourgs auraient pu se sentir chez eux, maîtres de la situation, sur le Ring. La guerre s'empare de tous, et, par suite, les opprimés, ceux que la vie a trompés, se sentent alors comme à un niveau d'égalité avec les riches et les puissants. Que ceci ne soit pas pris pour un paradoxe : dans les dispositions de la foule viennoise qui manifestait à la gloire des armes des Habsbourg je retrouvais certains traits que je connaissais depuis les journées d'octobre 1905, à Pétersbourg. Ce n'est pas pour rien que la guerre s'est souvent montrée dans l'histoire comme la mère de la révolution...

Pourtant, quelle différence, ou plus exactement quelle opposition dans l'attitude des classes à l'égard de la guerre et de la révolution. Buchanan, en ces journées d'août, dit que c'était « merveilleux » et que la Russie s'était réveillée. Par contre, sur les journées les plus pathétiques de 1905, le comte Witte avait écrit : « L'immense majorité de la Russie semble prise de folie ».

De même que la révolution, la guerre jette, du haut au bas, toute l'existence hors des voies coutumières. Mais la révolution porte ses coups contre le pouvoir existant. Bien différemment, la guerre, dans les premiers temps, fortifie le pouvoir de l'État qui, dans le chaos soulevé, semble alors l'unique appui, tant que la guerre même n'aura pas sapé ce pouvoir. Les espoirs que l'on pouvait fonder sur des mouvements sociaux et nationaux, à Prague ou à Trieste, comme à Varsovie ou à Tiflis, étaient absolument dépourvus de toute base au début de la guerre.

En septembre 1914, j'écrivais à destination de la Russie :

« La mobilisation et la déclaration de guerre ont en quelque sorte effacé tous les antagonismes nationaux et sociaux dans le pays. Mais ce n'est qu'un délai accordé par l'histoire, une façon de moratorium politique. Les traites ont été protestées, mais il faudra bien payer. »

Lorsque j'écrivais ainsi, j'avais en vue, bien entendu, non seulement l'Autriche-Hongrie, mais la Russie, et la Russie avant tout.

Les événements se suivaient, s'accumulaient. On apprit par télégramme l'assassinat de Jaurès. Les journaux contenaient tant de perfides mensonges qu'il ne restait plus, du moins pour quelques heures, qu'à douter et à espérer. Mais cette possibilité même disparut bientôt. Jaurès fut assassiné par ses ennemis et trahi par son propre parti .

Quelle fut l'attitude que je trouvai dans les cercles dirigeants de la social-démocratie autrichienne, à l'égard de la guerre ? Les uns s'en réjouissaient ouvertement, dans un langage qui débordait d'injures grossières à l'adresse des Serbes et des Russes, et sans trop distinguer les gouvernements de leurs peuples. Ils étaient au fond, organiquement, des nationalistes ; le léger vernis de culture socialiste dont ils étaient couverts tombait d'eux, et non pas de jour en jour, mais d'heure en heure. Je me rappelle comment H. Deutch, qui devint dans la suite quelque chose comme un ministre de la Guerre, parlait délibérément de cette guerre qu'il disait inévitable et salutaire, puisqu'elle devait enfin délivrer l'Autriche du « cauchemar » serbe. D'autres, et à leur tête Victor Adler, considéraient la guerre comme une catastrophe extérieure qu'il fallait savoir supporter. Cette passivité expectative ne servait cependant qu'à dissimuler l'aile du parti qui était activement nationaliste. En certaines occasions, de profonds penseurs évoquèrent la victoire des Allemands, en 1871, laquelle avait assuré les progrès de l'industrie germanique et, par conséquent, ceux de la social-démocratie.

C'est le 2 août que l'Allemagne déclara la guerre à la Russie. Avant cette date, les Russes quittaient déjà Vienne. Au matin du 3 août, je me rendis à la Wienzeile, pour consulter les députés socialistes, pour leur demander ce que nous avions à faire, nous autres émigrés russes. Friedrich Adler, mû par la force d'inertie, continuait encore dans son cabinet à remuer des livres, des papiers, à préparer des timbres pour le congrès international socialiste qui devait avoir lieu, prochainement, à Vienne. Cette idée de congrès n'était pourtant déjà plus que du passé. D'autres forces entraient dans la carrière...

Le vieil Adler me proposa de me conduire immédiatement à la première source de renseignements, chez le chef de la police politique, un nommé Geyer. En auto, sur le chemin de la préfecture, je fis observer à Adler que la guerre avait donné au pays comme des apparences de fête.

— Ceux qui se réjouissent, me répondit-il aussitôt, ce sont ceux qui ne partent pas pour le front. En outre, on voit maintenant dans la rue tous les déséquilibrés, tous les fous... C'est leur bon temps. L'assassinat de Jaurès n'est qu'un début. La guerre donne du large à tous les instincts, à toutes les formes de démence...

Psychiâtre par son ancienne éducation médicale, Adler

considérait souvent les événements politiques. — « surtout ceux d'Autriche », disait-il ironiquement, — d'un point de vue psychopathologique. Il était bien loin de penser alors que son propre fils commettrait un meurtre politique. Dans la revue *Kampf* qui était dirigée par Frédéric, son fils, j'avais publié, juste à la veille de la guerre, un article dans lequel je démontrais l'inutilité du terrorisme individuel. Il convient de remarquer que le directeur de la revue approuvait fort cet article. L'acte de terrorisme qu'il commit ensuite fut une explosion d'opportuniste en détresse, — rien de plus. Après avoir donné issue à son désespoir, F. Adler rentra dans la ligne d'autrefois.

Geyer déclara, en termes circonspects, que, le lendemain matin, l'ordre pourrait bien être donné d'un internement des Russes et des Serbes.

— Vous me recommandez donc de partir ?

— Et plus vous ferez vite, mieux cela vaudra.

— C'est bon. Je pars demain, avec ma famille, pour la Suisse.

— Hum... Je préférerais que vous partiez aujourd'hui.

Cette conversation eut lieu à trois heures de l'après-midi ; à six heures dix j'étais déjà, avec ma famille, dans le train qui partait pour Zurich. Je laissais derrière moi des relations de sept années, des livres, des archives, des ouvrages commencés, dont une polémique avec le professeur Masaryk sur les destinées de la culture russe.

Le télégramme qui annonçait la capitulation de la social-démocratie allemande me secoua bien plus que la déclaration de guerre, bien que je fusse assez loin d'idéaliser naïvement le socialisme germanique.

J'écrivais déjà, en 1905, et je l'ai récrit plus d'une fois :

« Les partis socialistes européens ont élaboré leur conservatisme, qui devient d'autant plus fort que de plus grandes masses sont gagnées par le socialisme... Par suite, la social-démocratie peut devenir, à un certain moment, un *obstacle immédiat* dans un conflit qui se déclarerait entre les ouvriers et la réaction bourgeoise. En d'autres termes, le conservatisme de propagande socialiste du parti prolétarien peut, à un certain moment, gêner la lutte directe du prolétariat pour la conquête du pouvoir. »

Je ne m'attendais pas à trouver, en cas de guerre, les leaders officiels de l'Internationale capables de prendre une sérieuse initiative révolutionnaire. Mais je n'aurais pas cru que la social-démocratie pût tout simplement ramper à plat ventre devant le militarisme national.

Quand on reçut en Suisse le numéro du *Vorwaerts* où il était rendu compte de la séance du Reichstag qui avait eu lieu le 4 août, Lénine décida sans hésiter que c'était une contrefaçon, un document inventé par le G. Q. G. allemand pour tromper et terrifier l'ennemi. Telle était encore, — en dépit de la faculté critique de Lénine, — la foi que l'on gardait à la social-démocratie allemande.

Et cependant, à la même date, l'*Arbeiter Zeitung* de Vienne disait de la capitulation du socialisme allemand que c'était « une grande journée pour la nation allemande »... Ce fut un apogée pour Austerlitz. Son « Austerlitz » !...

Moi, je ne croyais pas apocryphe le numéro du *Vorwaerts*. Les premières impressions recueillies directement à Vienne m'avaient préparé au pire. Cependant le vote du 4 août me donna une des émotions les plus tragiques de mon existence. Que dirait Engels ? me demandais-je. La réponse était claire pour moi. Et comment agirait Bebel ? Sur ce point je n'y voyais pas tout à fait nettement. Mais Bebel n'existait plus. Il ne restait que Haase, honnête démocrate de province, dépourvu de toutes perspectives théoriques et de tempérament révolutionnaire. Dans toute situation critique, il était enclin à s'abstenir des décisions sans retour et, recourant à des demi-mesures, il préférait temporiser. Les événements le dépassaient de beaucoup. Et derrière lui, les Scheidemann, les Ebert, les Wels...

La Suisse donnait des reflets de l'Allemagne et de la France, mais sous des aspects de neutralité, c'est-à-dire en des formes adoucies et tout à fait en réduction. On en avait l'image la plus frappante à l'Assemblée fédérale dont faisaient partie deux députés socialistes qui portaient les mêmes nom et prénom : Johann Sigg, de Zurich, et Jean Sigg, de Genève : le premier, ardent germanophile, le second plus ardemment encore francophile. C'est ainsi qu'en Suisse pouvait se mirer l'Internationale.

La guerre était déclarée depuis plus d'un mois lorsque je rencontrai dans une rue de Zurich le vieux Molkenbuhr qui était venu là pour travailler l'opinion publique. Comme je lui demandais comment le parti se représentait la marche de la guerre mondiale, ce vénérable membre de la direction me répondit :

— Dans les deux mois qui vont suivre, nous en finirons avec la France. Nous nous tournerons alors vers l'Est. Nous en finirons avec les troupes du tsar, et, alors, dans trois mois, dans quatre au plus, nous donnerons à l'Europe une paix solide.

Je rapporte cette réponse mot à mot, d'après mon carnet où je l'inscrivis aussitôt.

Bien entendu, Molkenbuhr n'exprimait pas son appréciation personnelle. Il transmettait seulement l'opinion officielle de la social-démocratie.

A la même époque, l'ambassadeur de France à Pétersbourg pariait à Buchanan cinq livres sterling que la guerre serait terminée avant la Noël.

Non, nous autres, « utopistes », avons été en quelque chose meilleurs prophètes que ces réalistes, les messieurs de la social-démocratie et de la diplomatie.

La Suisse, où je devais attendre, à l'écart de la guerre, me rappelait la pension finnoise « Rauha » où j'avais appris, pendant l'automne de 1905, la montée du flot révolutionnaire. Bien entendu, l'armée, en Suisse, était aussi mobilisée et, à Bâle, on entendait même le grondement de la canonnade. Cependant, l'immense pension de famille helvétique, où le plus grave souci était celui d'une pléthore de fromages et d'une disette de pommes de terre, ressemblait à une paisible oasis cernée par les feux de la guerre. Et je me disais : peut-être ne sommes-nous pas si loin du moment où nous pourrons quitter cet asile pour revoir les ouvriers de Pétersbourg, dans la salle de l'Institut technologique.

Pour vivre cette heure, nous avions encore trente-trois mois à attendre.

Le besoin de me rendre compte de ce qui se passait m'amena à tenir un journal.

Le 9 août, j'écrivais déjà :

« Ce qui est évident, c'est ceci : il ne s'agit plus de fautes commises, de certaines démarches opportunistes, de déclarations maladroites à des tribunes parlementaires, du vote du budget par les social-démocrates du grand-duché de Bade, ni des expériences du ministérialisme français, ni de certains renégats parmi les chefs ; il s'agit du *naufrage de l'Internationale* à une époque où les responsabilités sont les plus grandes et pour laquelle tous les travaux qui ont été faits n'ont été que des travaux préparatoires. »

Le 11 août, j'écrivais ceci :

« C'est seulement un réveil du mouvement révolutionnaire socialiste, — lequel doit prendre immédiatement des formes extrêmement violentes, — qui jettera les bases de la nouvelle Internationale. Les années qui viennent seront l'époque de la révolution sociale. »

J'entrai activement dans la vie du parti socialiste suisse. Dans la base ouvrière, son internationalisme rencontrait des sympathies presque unanimes. De chaque réunion du parti je rapportais double provision d'assurance en la justesse de ma position. Je trouvai mon premier point d'appui dans l'union ouvrière *Eintracht* dont la composition était internationaliste. D'accord avec la direction, je rédigeai, au début de septembre, un projet de manifeste contre la guerre et le social-patriotisme. La direction invita les leaders du parti à assister à une réunion où je devais parler en allemand pour défendre le manifeste. Mais les leaders ne vinrent pas. Ils voyaient trop de risque à prendre position sur une question aussi discutée ; ils préféraient attendre et se bornaient pour l'instant à critiquer en chambre les « exagérations » du chauvinisme allemand et français. L'assemblée de l'*Eintracht* adopta presque à l'unanimité le manifeste qui, malgré toutes ses réticences, donna une sérieuse impulsion à l'opinion dans le parti. Ce fut peut-être, à dater du début de la guerre, le premier document internationaliste émanant d'une organisation ouvrière.

C'est alors que, pour la première fois aussi, je connus de plus près Radek qui était arrivé d'Allemagne en Suisse. Il se situait à l'extrême-gauche du parti allemand et j'espérais trouver en lui un partisan de mes idées. En effet, Radek parlait avec une extraordinaire intransigeance des dirigeants de la social-démocratie allemande. Sur ce point, nous étions d'accord. Mais je constatai avec étonnement, en causant avec lui, qu'il ne croyait pas à la possibilité d'une révolution prolétarienne à l'occasion de la guerre, ni, en général, dans un prochain avenir. Non, répondait-il, les forces productrices de l'humanité prise dans son ensemble ne sont pas encore suffisamment développées.

J'étais trop habitué à entendre dire que les forces productrices de la Russie étaient insuffisantes pour garantir la conquête du pouvoir par la classe ouvrière. Mais je n'imaginais pas qu'une pareille réponse pût venir d'un homme politique, d'un révolutionnaire d'un pays capitaliste avancé.

Bientôt après mon départ de Zurich, Radek fit, à la même union de l'*Eintracht*, une grande conférence dans laquelle il tenta de démontrer, avec force arguments, que le monde capitaliste n'était pas préparé pour la révolution socialiste.

Sur la conférence de Radek comme, en général, sur la vie de carrefour que fut pour les socialistes cette période de Zurich au début de la guerre, on a le récit de l'historien suisse Brupbacher dans des mémoires qui ne manquent pas d'intérêt. Il est curieux de constater que Brupbacher dit de mes idées d'alors que c'étaient des opinions... pacifistes... Il est impossible de comprendre ce qu'il entendait par là. Une des brochures qu'il a écrites caractérise ainsi, par son titre même, sa propre évolution : *Du petit bourgeois au bolchévik*. J'ai pu me faire une idée suffisamment claire des opinions qu'avait alors Brupbacher pour adopter intégralement la première moitié de son titre. Quant à la deuxième, je ne voudrais pas en prendre la responsabilité.

Lorsque les journaux socialistes allemands et français eurent donné un clair tableau de la catastrophe morale qui s'était produite dans le socialisme officiel, je mis de côté mon carnet de notes pour écrire une brochure politique sur la guerre et l'Internationale. Sous l'impression du premier entretien que je venais d'avoir avec Radek, j'écrivis pour cette brochure une préface dans laquelle je soulignais avec la plus grande énergie que la guerre actuelle n'était pas autre chose qu'une insurrection des forces productrices du capitalisme prises dans leur ensemble mondial, contre la propriété privée, d'une part, — contre les frontières des États, de l'autre...

Le livre intitulé : *La Guerre et l'Internationale*, de même que tous mes autres livres, eut un sort d'abord en Suisse, puis en Allemagne et en France, plus tard en Amérique, et enfin dans la république des Soviets. Sur tout cela, il faut dire ici quelques mots.

Mon manuscrit, rédigé en russe, fut traduit par un Russe qui était loin de posséder à fond la langue allemande. Ce fut un professeur de Zurich, Ragaz, qui se chargea de reviser la traduction en allemand. Ce fut pour moi une occasion de faire connaissance avec cette personnalité originale. Chrétien croyant, et, bien mieux, théologien par éducation et par profession, Ragaz se situait en même temps à l'extrême-gauche du socialisme suisse, il admettait les plus extrêmes méthodes de lutte contre la guerre et se prononçait pour une révolution prolétarienne. Lui et sa femme, me séduisirent par leur attitude morale, profondément sérieuse, à l'égard des problèmes politiques, ce qui les distinguait à leur avantage des fonctionnaires autrichiens, allemands, suisses, de la social-démocratie, et de bien d'autres, dénués de toute idéologie.

Si je ne me trompe, Ragaz fut, plus tard, obligé de sacrifier à ses idées sa chaire universitaire. Pour le milieu auquel il appartenait, ce n'était pas peu de chose. Mais, dans les conversations que j'eus avec lui, tout en ressentant de la déférence pour cet homme peu ordinaire, j'eus aussi la sensation presque physique d'un voile très fin, mais absolument impénétrable, jeté entre nous. Il était mystique jusqu'au fond : il ne cherchait pas à communiquer ses croyances, il ne les mentionnait même pas, mais l'idée même de l'insurrection armée, dans les propos qu'il tenait, s'enveloppait de souffles de l'au-delà qui ne me donnaient qu'une désagréable sensation de froid. Dès le temps où j'avais commencé à écrire, je m'étais senti matérialiste par intuition, puis matérialiste conscient, et non seulement je ne me sentis pas le besoin de connaître des mondes d'un autre ordre, mais je ne pus jamais trouver un contact psychologique avec des gens qui ont assez de finesse pour avouer simultanément Darwin et la sainte-trinité.

Grâce à Ragaz, mon livre parut en bon allemand. Dès décembre 1914, il trouva, de Suisse, des débouchés en Autriche et en Allemagne. Ce furent des hommes de gauche, F. Platten et d'autres qui s'en occupèrent. Destinée aux pays allemands, la brochure était avant tout dirigée contre la social-démocratie allemande, parti dirigeant de la IIe Internationale. Il me souvient qu'un journaliste, nommé Heilmann, qui tenait les premiers violons parmi les chauvins, déclara au sujet de cette brochure que c'était l'ouvrage d'un fou, mais d'un fou qui avait de la suite dans ses idées. Je ne pouvais espérer plus grand éloge... Bien entendu, on insinua que cet ouvrage était un adroit moyen de propagande pour les Alliés.

Un peu plus tard, en France, je devais lire, sans m'y être attendu, dans les journaux, un télégramme venu de Suisse d'après lequel un tribunal allemand me condamnait par contumace à la prison pour ma brochure de Zurich. J'en conclus que cet ouvrage avait eu l'effet souhaité. Les juges qui étaient à la dévotion des Hohenzollern me rendirent, par cette sentence, devant laquelle je ne m'empressai pas de me mettre en règle, un service inappréciable. Pour ceux des calomniateurs et mouchards de l'Entente qui s'occupèrent de moi, la condamnation portée par des Allemands créa toujours une grosse difficulté lorsqu'ils essayèrent noblement de démontrer que j'étais, en fait, un agent du G. Q. G. allemand.

Et cela n'empêcha pas les autorités françaises de retenir à la frontière ma brochure, « étant donné son origine allemande ». Pour défendre cet ouvrage contre la censure française, une note équivoque parut dans le journal de Gustave Hervé. Je pense que cette note a été écrite par Charles Rappoport, qui est assez connu, et qui, dans tous les cas est l'auteur de la plus grande quantité de calembours qu'un homme ait jamais imaginés, consacrant à cela sa longue existence.

Après la révolution d'Octobre, un éditeur de New-York, esprit inventif, fit paraître ma brochure allemande sous l'aspect d'un gros livre. D'après ce qu'il a raconté lui-même, Wilson lui aurait demandé, de la Maison-Blanche, par téléphone, communication des bonnes feuilles : c'était le moment où le président fabriquait ses quatorze articles, et, à ce que racontent des gens renseignés, il ne pouvait pas digérer que des bolchéviks lui eussent enlevé les meilleures de ses formules. En deux mois, ma brochure devait être enlevée en Amérique, à seize mille exemplaires. Mais on en arriva aux journées de Brest-Litovsk. La presse américaine se souleva furieusement contre moi et ma brochure disparut aussitôt du marché.

Dans la Russie des Soviets, ma brochure de Zurich fut

rééditée bien des fois, elle devint un manuel pour l'étude du marxisme en ce qui concerne la guerre. Elle ne fut élaguée du « marché » de l'Internationale communiste qu'après 1924, époque où l'on découvrit le « trotskysme ». Actuellement, c'est un ouvrage interdit, de même qu'avant la révolution. Nous voyons ainsi que les livres ont un sort.

CHAPITRE VI

PARIS ET ZIMMERWALD

Le 19 novembre 1914, je franchissais la frontière française, en qualité de correspondant de guerre de la *Kievskaïa Mysl.* J'avais accepté l'invite de ce journal d'autant plus volontiers que cette mission me donnait la possibilité de voir de plus près la guerre.

Paris était triste ; les rues, à la tombée de la nuit, étaient plongées dans les ténèbres. Des zeppelins venaient l'attaquer. Quand les armées allemandes furent repoussées, après la bataille de la Marne, la guerre devint de plus en plus exigeante et implacable. Dans le chaos sans bornes qui dévorait l'Europe, tandis que se taisaient les masses ouvrières, trompées et trahies par la social-démocratie, les machines à exterminer fonctionnaient automatiquement. La civilisation capitaliste arrivait à l'absurde en essayant de percer le crâne épais de l'humanité.

Au moment où les Allemands s'approchaient de Paris, que désertaient les bourgeois, patriotes français, deux émigrés russes créèrent là un petit journal quotidien, rédigé dans leur langue. Cet organe avait pour objet d'expliquer aux Russes perdus dans Paris le sens des événements et de ne pas laisser s'éteindre l'esprit de solidarité internationale. Au moment de lancer le premier numéro, la « caisse » des éditeurs contenait tout juste trente francs. Pas un homme de « bon sens » n'aurait pu croire que l'on parviendrait à publier un quotidien avec ce capital social. Et, en effet, au moins une fois par semaine, le journal, bien que ses rédacteurs et collaborateurs travaillassent gratuitement, passait par une crise à laquelle, semblait-il, on ne trouverait pas d'issue. On en trouvait une cependant. Dévoués à leur journal, les typos enduraient famine ; les rédacteurs couraient la ville à la recherche de quelques dizaines de francs, — et le numéro suivant sortait à son heure. C'est ainsi que, sous les coups du déficit et de la censure, disparaissant parfois et reparaissant aussitôt sous un nouveau nom, le journal vécut deux ans et demi, c'est-à-dire jusqu'à la révolution de février 1917.

Aussitôt arrivé à Paris, je me mis à collaborer avec zèle à *Naché Slovo* qui s'appelait encore *Goloss*. Ce quotidien fut pour moi un très important instrument d'orientation au cours des événements. L'expérience que j'y pris me fut utile plus tard, lorsque j'eus à m'occuper plus directement d'affaires de guerre.

Ma famille ne vint en France qu'en mai 1915. Nous nous installâmes à Sèvres, dans une petite maison que mit à notre disposition pour quelques mois un jeune ami, le peintre italien René Parece. Nos garçons allaient à l'école de la ville. Le printemps était fort beau, la verdure semblait particulièrement tendre et caressante. Mais le nombre des femmes en deuil ne cessait d'augmenter. Les écoliers devenaient des orphelins. Deux armées s'étaient profondément retranchées dans la terre. On n'apercevait point d'issue. Clemenceau, dans son journal, commençait à attaquer Joffre. Le sous-sol de la réaction préparait un coup d'État. Le bruit en courait de bouche en bouche. Il arriva que, pendant un ou deux jours, le *Temps*, dans ses colonnes, dit du parlement que c'était « un âne », ni plus ni moins. Et pourtant ce journal continuait à exiger sévèrement des socialistes le respect de l'Union sacrée.

Jaurès n'était plus. Je visitai le restaurant du Croissant où il avait été assassiné. J'aurais voulu retrouver ses traces.

Au point de vue politique j'étais éloigné de lui, mais il était impossible de ne pas éprouver l'attraction exercée par cette puissante figure. Le monde spirituel de Jaurès, qui se composait de traditions nationales, d'une métaphysique des principes moraux, d'amour pour les misérables et d'imagination poétique, avait des traits tout aussi nettement aristocratiques que de son aspect moral Bebel apparaissait simplement plébéien. Tous deux, cependant, dépassaient de toute la tête ceux qui ont recueilli leur succession.

J'ai entendu Jaurès dans des meetings à Paris, dans des congrès internationaux, dans des commissions. Et chaque fois, ce fut comme si je l'entendais pour la première fois. Il n'accumulait pas les routines ; pour le fond, il ne se répétait jamais ; toujours il faisait une nouvelle découverte de lui-même, toujours il mobilisait à nouveau les sources cachées de son inspiration. Doué d'une vigueur imposante, d'une force élémentaire comme celle d'une cascade, il avait aussi une grande douceur qui brillait sur son visage comme le reflet d'une haute culture. Il précipitait des rochers, grondait tel un tonnerre, ébranlait les fondations, mais jamais il ne s'assourdissait lui-même, il se tenait toujours sur ses gardes, il avait l'oreille fine pour saisir la moindre interpellation, pour y répliquer, pour parer aux objections, parfois en termes impitoyables, balayant les résistances comme un ouragan, mais aussi sachant parler avec générosité et douceur, comme un éducateur, comme un frère aîné.

Jaurès et Bebel ont été les antipodes et, en même temps les sommets de la IIe Internationale. Ils furent profondément nationaux : Jaurès avec son ardente rhétorique latine, Bebel avec sa sécheresse de protestant. Je les ai aimés tous deux, mais différemment. Bebel épuisa ses forces physiques. Jaurès tomba en pleine floraison. Mais tous deux ont disparu en temps opportun. Leur fin marque la limite à laquelle s'est achevée la mission historique, progressiste, de la IIe Internationale.

Le parti socialiste français était dans un état de complète démoralisation. La place de Jaurès ne pouvait être occupée par personne. Vaillant, ancien « antimilitariste », sortait chaque jour des articles imprégnés du plus violent chauvinisme. Je rencontrai par hasard ce vieil homme au comité d'action qui se composait de délégués du parti et des syndicats. Vaillant ressemblait à son ombre : — l'ombre du blanquisme avec les traditions des guerres de sans-culottes, à l'époque de Raymond Poincaré. La France d'avant-guerre, où la croissance de la population était trop lente, où le conservatisme dominait dans la vie économique et dans la pensée, semblait être, pour Vaillant, le seul pays de mouvement et de progrès, la nation élue, émancipatrice, au contact de laquelle seule les autres peuples pourraient s'éveiller à une vie spirituelle. Son socialisme était chauvin, son chauvinisme était messianique.

Jules Guesde, leader de l'aile marxiste, qui s'était dépensé jusqu'au bout dans une longue lutte épuisante contre les fétiches de la démocratie, ne se trouva capable que d'abandonner son autorité morale, jusque-là jamais entachée, devant « l'autel » de la défense nationale. Ce fut un mélange de tout. Marcel Sembat, auteur du livre *Faites un roi sinon faites la paix*, fut un des collègues de Guesde dans le cabinet... Briand !... Pierre Renaudel se trouva pour un temps « dirigeant » du parti. En fin de compte, il fallait bien mettre quelqu'un à la place de Jaurès. Avec grand effort, Renaudel tâchait, par le geste et les roulements de sa voix, d'imiter le leader assassiné. Longuet se traînait à sa suite, mais non sans quelque gêne qu'il tâchait de faire passer pour de l'esprit de gauche. Par toute sa conduite, il rappelait que Marx n'a pas à répondre pour ses petits-fils. Le syndicalisme officiel, représenté par Jouhaux, secrétaire général de la C. G. T., perdit ses couleurs en vingt-quatre heures. Il avait rejeté « l'étatisme » en temps de paix ; il se mit à genoux devant l'État en temps de guerre.

Le bouffon révolutionnaire Hervé, qui, la veille encore,

était extrêmement antimilitariste, retourna sa veste, et, en qualité d'extrême chauvin, resta ce qu'il avait toujours été : un bouffon content de lui-même. Comme pour railler plus brillamment les idées qu'il avait défendues la veille encore, son journal continuait à s'appeler : *La Guerre sociale*.

Le tout, pris ensemble, avait l'air d'une mascarade de deuil, d'un carnaval de la mort. Il était impossible de ne pas se dire : non, vraiment, nous sommes plus sérieusement bâtis, nous n'avons pas été surpris par les événements, nous en avions prévu quelque chose, nous prévoyons d'autres choses maintenant et nous sommes prêts à bien des rencontres.

Que de fois n'avons-nous pas fermé les poings lorsque des Renaudel, des Hervé et autres gens de même espèce essayaient à distance de fraterniser avec Karl Liebknecht ! Les quelques éléments d'opposition étaient dispersés, çà et là, dans le parti et les syndicats, mais ils ne donnaient presque pas signe de vie.

La plus grande figure que j'aie trouvée alors à Paris, parmi les émigrés russes, fut, sans aucun doute, Martov, leader des menchéviks, un des hommes les plus doués que j'aie jamais rencontrés. Son malheur était que le sort eût fait de lui un homme politique à une époque révolutionnaire sans lui donner l'indispensable provision de volonté qu'il fallait pour ce temps. Dans l'économie spirituelle de Martov, il n'y avait pas de balance équilibrée, et cela se manifestait tragiquement chaque fois qu'il se produisait de grands événements. J'ai observé Martov à trois étapes historiques : en 1905, en 1914 et en 1917. La première réaction de Martov devant les faits avait presque toujours un caractère révolutionnaire. Mais il n'avait pas encore jeté ses idées sur le papier que déjà des doutes l'assaillaient de toutes parts. Sa pensée riche, souple et variée, manquait du support de la volonté. Dans les lettres qu'il adressait en 1905 à Axelrod, au moment où la première révolution était à son point culminant, Martov se plaint amèrement de ne point parvenir à rassembler ses idées. Et il n'y réussit pas, en effet, jusqu'à l'arrivée de la réaction. Au début de la guerre, il se lamente encore : les événements, écrit-il au même Axelrod, l'ont amené sur la limite où commence la folie. Enfin, en 1917, il esquisse un mouvement irrésolu vers la gauche et, à l'intérieur de sa fraction, il cède le commandement à Tsérételli et à Dann ; or, le premier, au point de vue intellectuel, et le second, sous tous les rapports, n'arrivaient guère qu'à la hauteur de son genou.

Le 14 octobre 1914, Martov écrivait à Axelrod :

« Plutôt qu'avec Plékhanov, nous pourrions peut-être nous entendre avec Lénine qui, selon toute apparence, se prépare à agir en militant contre l'opportunisme dans l'Internationale ».

Mais de telles dispositions, chez Martov, ne duraient pas longtemps. A Paris, je le trouvai déjà dans un état de dépérissement. Notre collaboration à *Naché Slovo* devint en quelques jours une lutte implacable qui s'acheva par la démission de Martov, comme membre de la rédaction, et enfin comme simple collaborateur.

Bientôt après mon arrivée à Paris, Martov et moi allâmes à la recherche de Monatte, un des rédacteurs de la *Vie ouvrière*, organe syndicaliste.

Ancien instituteur, puis correcteur d'imprimerie, le type même de l'ouvrier parisien par son aspect, homme de grande intelligence et de caractère, Monatte ne dévia pas une minute dans le sens d'une acceptation résignée du militarisme et de l'État bourgeois. Mais où chercher une issue ? A cet égard, nous n'étions pas d'accord. Monatte « niait » l'État et la lutte politique. L'État, passant outre à cette négation, força Monatte à revêtir le pantalon rouge quand il se fut prononcé ouvertement contre le chauvinisme syndical.

Par l'intermédiaire de Monatte, je me liai étroitement avec le journaliste Rosmer qui appartenait aussi à l'école anarcho-syndicaliste, mais qui, au fond, comme l'ont prouvé les événements, était déjà beaucoup plus proche du marxisme que les guesdistes. C'est depuis lors que je suis attaché à Rosmer, dans un sentiment d'amitié intime qui a duré à travers les épreuves de la guerre, de la révolution, du pouvoir soviétiste et de la défaite de l'opposition...

Dans le même milieu, je fis connaissance avec plusieurs autres militants du mouvement ouvrier français dont je ne savais rien auparavant : le secrétaire de la Fédération des métaux, Merrheim, homme circonspect, réservé, insinuant, qui devait finir si tristement sous tous les rapports ; le journaliste Guilbeaux qui fut dans la suite, condamné, par contumace, à mort pour une prétendue « trahison » ; le « papa » Bourderon, secrétaire de la fédération du Tonneau ; l'instituteur Loriot, qui cherchait une issue dans la voie d'un socialisme révolutionnaire, — et bien d'autres.

Nous nous rencontrions une fois par semaine, quai Jemmapes ; parfois, nous nous retrouvions plus nombreux à la Grange-aux-Belles, échangeant entre nous des secrets de coulisses sur la guerre et les travaux de la diplomatie, critiquant le socialisme officiel, cherchant à déceler les symptômes d'un réveil socialiste, persuadant les hésitants, préparant l'avenir.

Le 4 août 1915, j'écrivais dans *Naché Slovo* :

« Malgré tout, nous arrivons à cet anniversaire sanglant sans la moindre défaillance morale, sans aucun scepticisme politique. Internationalistes révolutionnaires, nous nous sommes maintenus, dans la plus grande des catastrophes mondiales, sur nos positions d'analyse, de critique et de clairvoyance. Nous avons refusé de prendre les lunettes « nationales » que distribuaient les divers grands états-majors, non seulement à bas prix, mais avec des primes. Nous avons continué à voir les choses comme elles sont, à les nommer par leurs noms et à prévoir la suite logique de leur mouvement. »

Et maintenant, treize années s'étant écoulées, je ne puis que répéter les mêmes paroles. Le sentiment que nous avions de supériorité sur la pensée politique officielle (y compris le socialisme patriotique), sentiment qui ne nous a pas quittés un seul jour, n'était pas le résultat d'une appréciation illégitimement présomptueuse. Il n'y avait rien de personnel dans ce sentiment ; il provenait de la position de principe que nous avions adoptée : nous occupions un haut sommet. Le point de vue critique nous donnait avant tout la possibilité de discerner plus clairement les perspectives de la guerre. Les deux parties belligérantes comptaient, comme on sait, sur une prompte victoire. On pourrait rapporter des preuves sans nombre de cet optimisme à la légère.

« Mon collègue français, — écrit Buchanan dans ses mémoires — fut, pendant un certain temps si optimiste qu'il me paria cinq livres sterling que la guerre serait terminée avant la Noël ».

Buchanan lui-même, en son for intérieur, remettait la fin de la guerre à Pâques tout au plus tard.

A partir de l'automne de 1914, en dépit de toutes les prédictions officielles, nous répétâmes, de jour en jour, dans notre journal, que la guerre durerait à n'en plus finir et que toute l'Europe en sortirait brisée. Des dizaines de fois nous écrivîmes, dans *Naché Slovo*, que, même en cas de victoire des Alliés, la France, après la guerre, lorsque les fumées et les gaz se seraient dissipés, se trouverait, sur l'arène internationale, dans la situation d'une grande Belgique, simplement. Nous prévîmes avec certitude la dictature mondiale des Etats-Unis qui s'annonçait. « L'impérialisme, écrivions-nous pour la centième fois, le 5 septembre 1916, par cette guerre, mise sur les forts ; c'est à eux qu'appartiendra le monde. »

De Sèvres, ma famille avait depuis longtemps déménagé pour habiter la petite rue Oudry. Paris se vidait de plus en plus. Les horloges de la ville s'arrêtaient les unes après les autres. Le Lion de Belfort avait, on ne savait pourquoi, de la paille sale dans la gueule. La guerre continuait à s'enterrer dans ses tranchées. Sortir de là, sortir des trous, du marasme, de l'immobilité, — tel était le cri des patriotes. Du mouvement ! du mouvement ! C'est ainsi qu'on en arriva aux terribles folies des batailles de Verdun. En ces journées-là, me démenant sous les foudres de la censure de guerre, j'écrivis dans *Naché Slovo* :

« Si grande que soit l'importance militaire des combats de Verdun, leur portée politique est infiniment plus grande. A Berlin et en d'autres lieux *(sic)* on a voulu du « mouvement » : ils l'auront. Chut ! Sous Verdun, on forge *notre* journée de demain. »

Au printemps de 1915 arriva à Paris le député italien Morgari, secrétaire de la fraction socialiste du parlement de Rome, naïf éclectique, dont le dessein était d'amener les socialistes français et anglais à une conférence internationale. Sur la terrasse d'un café des grands boulevards, nous eûmes, avec Morgari, une conférence de quelques députés socialistes, lesquels, pour des raisons peu claires, se croyaient des hommes de « gauche ». Tant que l'entretien se limita à des palabres pacifistes et à la répétition de lieux communs sur la nécessité de rétablir les relations internationales, cela marcha assez bien. Mais lorsque Morgari, d'un ton tragique de conspirateur, parla de la nécessité de se procurer de faux passeports pour passer en Suisse, (de toute évidence, il était séduit par le côté « carbonariste » de l'affaire), messieurs les députés firent longue mine, et l'un d'eux, — je ne sais plus lequel, — se hâta d'appeler le garçon et de régler toutes les consommations. Le fantôme de Molière apparut sur cette terrasse ; peut-être aussi celui de Rabelais. L'affaire en resta là. Rentrant chez nous, Martov et moi, nous en rîmes beaucoup, amusés et fâchés en même temps.

Monatte et Rosmer, déjà mobilisés, ne pouvaient venir avec nous. Je partis pour la conférence avec Merrheim et Bourderon, pacifistes très modérés. Nul de nous n'eut besoin de faux passeport, car le gouvernement, ne s'étant pas encore déshabitué des procédés d'avant-guerre, nous avait délivré des papiers en bonne et due forme.

L'organisation même de la conférence fut à la charge de Grimm, leader socialiste de Berne, qui s'efforça alors de s'élever au-dessus du niveau bourgeois de son parti, au-dessus de son propre niveau. Il prépara pour les réunions un local à dix kilomètres de Berne, dans le petit village de Zimmerwald, qui domine de haut la ville. Les délégués prirent place, en se serrant, dans quatre voitures, et gagnèrent la montagne. Les passants considéraient avec curiosité ce convoi extraordinaire. Les délégués eux-mêmes plaisantaient, disant qu'un demi-siècle après la fondation de la première Internationale, il était possible de transporter tous les internationalistes dans quatre voitures. Mais il n'y avait aucun scepticisme dans ce badinage. Le fil de l'histoire casse souvent. Il faut faire un nouveau nœud. C'est ce que nous allions faire à Zimmerwald.

Les journées de la conférence (du 5 au 8 septembre 1915) furent orageuses. L'aile révolutionnaire, à la tête de laquelle se trouvait Lénine, et le groupe pacifiste auquel appartenait la majorité des délégués réussirent difficilement à s'entendre sur un manifeste commun dont j'élaborai le projet. Le manifeste ne disait pas tout ce qu'il aurait fallu dire, loin de là. Mais il marquait tout de même un grand pas en avant. Lénine, s'était tenu à l'extrême flanc gauche. Sur un bon nombre de questions, il se trouva tout seul dans cette gauche à laquelle je n'appartenais pas formellement, bien que je fusse proche d'elle sur toutes les questions essentielles. C'est à Zimmerwald que Lénine tendit fortement le ressort pour une future action internationale. Dans ce petit village de la montagne suisse, il posa les premières pierres de l'Internationale révolutionnaire.

Les délégués français signalèrent dans leur rapport l'importance qu'avait pour eux l'existence de *Naché Slovo*, qui établissait un lien d'opinion avec le mouvement internationaliste des autres pays. Rakovsky fit remarquer que

Naché Slovo avait joué un rôle important dans l'élaboration de l'attitude internationaliste des partis social-démocrates balkaniques. Le parti italien connaissait aussi *Naché Slovo* d'après les nombreuses traductions qu'avait faites Balabanova. Cependant, c'est dans la presse allemande que notre journal était le plus souvent cité, et partiellement dans la presse officieuse : tout ainsi que Renaudel essayait de s'appuyer sur Liebknecht, Scheidemann n'aurait pas détesté de nous compter pour des alliés.

Liebknecht ne vint pas à Zimmerwald : il était déjà prisonnier sous l'uniforme des Hohenzollern, en attendant de devenir un simple détenu. Mais il envoya à la conférence une lettre qui marquait énergiquement son passage de la ligne pacifiste à la ligne révolutionnaire. Son nom fut prononcé plus d'une fois à Zimmerwald ; c'était déjà un nom générique dans la lutte qui déchirait le socialisme mondial.

Il fut rigoureusement interdit aux membres de la conférence d'envoyer des communiqués, de crainte que des informations données prématurément à la presse ne créassent des difficultés aux délégués quand ils auraient à repasser les frontières.

Quelques jours plus tard, le nom de Zimmerwald, complètement inconnu la veille, retentissait dans le monde entier. Cela produisit une impression foudroyante sur le patron de notre hôtel : ce brave Suisse déclara à Grimm que la valeur de son bien en allait être considérablement augmentée et qu'en conséquence il était tout disposé à verser une certaine somme au fonds de la IIIe Internationale. Je pense, toutefois, qu'il a dû bientôt se raviser.

La conférence de Zimmerwald donna une forte impulsion au mouvement qui se développait contre la guerre en différents pays. En Allemagne, les spartakistes étendirent plus largement leur action. En France se constitua un comité pour la reprise des relations internationales. La partie ouvrière de la colonie russe, à Paris, se resserra autour de *Naché Slovo*, le soutenant de toute sa vigueur, à travers les difficultés financières et bien d'autres embarras. Martov qui, dans la première période, avait été un collaborateur zélé, quitta le journal. Les dissentiments d'importance secondaire qui me séparaient encore de Lénine à Zimmerwald allaient s'effacer en quelques mois.

Cependant, des nuées s'assemblaient sur nos têtes, qui s'épaissirent de plus en plus dans le cours de 1916. Sous forme de « communiqués », *La Liberté* publiait des notes non signées où nous étions accusés de germanophilie. De plus en plus fréquemment, nous recevions des lettres de menaces anonymes. Accusations et menaces provenaient sans aucun doute de l'ambassade de Russie. De louches figures rôdaient constamment autour de notre imprimerie. Hervé pointait sur nous son doigt de policier. Le professeur Durkheim, président de la commission gouvernementale de l'émigration russe, faisait savoir que, dans les hautes sphères, il était question d'interdire *Naché Slovo* et d'expulser son rédacteur en chef. Pourtant, l'affaire traîna. Il était difficile de nous prendre en faute, car je ne commettais pas d'infractions aux lois ni même aux mesures illégales de la censure. Il fallait bien trouver un prétexte d'apparence convenable. En fin de compte, on réussit à en trouver, ou plutôt à en créer un.

CHAPITRE VII

EXPULSÉ DE FRANCE

Certains organes de la presse française ont déclaré, après mon arrivée à Constantinople, que l'arrêté d'expulsion pris en France contre moi restait en vigueur jusqu'à ce jour, c'est-à-dire treize ans après. S'il en est ainsi, il faut convenir que toutes les valeurs ne se sont pas perdues dans la plus terrible des catastrophes mondiales. En vérité, des générations entières sont tombées, en ces années, sous la mitraille, des villes entières ont été détruites, des couronnes impériales et royales ont roulé par les terrains vagues de l'Europe, les frontières des États ont été modifiées, celles-mêmes de la France qui me sont interdites ont été déplacées. Mais, de ce grandiose cataclysme subsiste par bonheur l'arrêté que signa M. Malvy au début de l'automne de 1916. Que conclure de ce fait que M. Malvy lui-même a ensuite eu le temps de se faire bannir, puis de rentrer dans son pays ? Fréquemment, dans l'histoire, l'œuvre sortie des mains d'un homme s'avère plus forte que son créateur.

A vrai dire, un juriste rigoureux peut répliquer qu'il n'aperçoit pas l'indispensable pérennité que pourrait avoir un décret. En 1918, par exemple, la mission militaire française, à Moscou mit à ma disposition des officiers en activité ; il est douteux qu'on ait pu agir ainsi à l'égard d'un étranger « indésirable », à qui le séjour en France serait interdit. Par exemple encore, le 10 octobre 1922, M. Herriot me rendit visite à Moscou, mais non du tout dans le dessein de me rappeler que, par décret, j'étais expulsé de son pays. Au contraire, c'est moi qui lui rappelai cette décision administrative, lorsque M. Herriot me demanda aimablement à quelle époque je comptais venir à Paris. Mais, en évoquant le passé, je plaisantais. Nous en avons ri tous deux, — différemment à vrai dire, mais ensemble. Il est encore vrai qu'en 1925, M. Herbette, ambassadeur de France, à l'inauguration de la centrale d'électricité de Chatoura, répondit à mon discours, qu'il y répondit, au nom des diplomates présents, par les félicitations les plus aimables, et que l'oreille la plus soupçonneuse n'aurait pas saisi là le moindre écho de l'arrêté de M. Malvy.

Que conclure de tout cela ? Qu'un des deux inspecteurs qui me conduisirent à Irun, en septembre 1916, avait bien raison quand il me dit :

— Les gouvernements viennent et s'en vont ; la police reste !

Pour qu'on comprenne mieux les circonstances de mon expulsion, il est nécessaire que j'expose, en deux mots, les conditions dans lesquelles paraissait le petit journal dont j'étais le rédacteur en chef. Notre grand ennemi, naturellement, était l'ambassade de Russie. On s'y appliquait à traduire en français les articles de *Naché Slovo* qu'on communiquait, avec des commentaires appropriés, au Quai d'Orsay et au ministère de la Guerre. De là, des coups de téléphone alarmants étaient donnés à notre censeur militaire, M. Chasles, qui avait passé de longues années en Russie comme professeur de français. M. Chasles ne se distinguait pas par l'esprit de décision. En cas de doute, il se décidait toujours à biffer plutôt qu'à maintenir un texte. Il est regrettable qu'il ne s'en soit pas tenu à la même règle à l'égard de la biographie de Lénine qu'il a écrite, quelques années plus tard, et qui est mauvaise au dernier degré... Censeur terrorisé, M. Chasles prit la défense non seulement du tsar et de la tsarine, de Sazonov et de Milioukov qui rêvait la conquête des Dardanelles, mais même de Raspoutine !... Il n'est nullement gênant d'ajouter que toute la lutte menée contre *Naché Slovo*, — une véritable guerre de grignotement, — eut pour cause non pas l'internationalisme du journal, mais son esprit révolutionnaire à l'égard du tsarisme.

Nous constatâmes pour la première fois que la censure atteignait son paroxysme le plus aigu au moment où les Russes remportèrent des succès en Galicie. Dès la moindre réussite sur le front, l'ambassade du tsar devenait insolente au dernier degré. Cette fois-là, elle en arriva à faire biffer intégralement le nécrologe du comte Witte, même le titre de l'article, qui comptait tout juste les cinq lettres du nom.

Il convient encore d'ajouter qu'au même moment, l'on imprimait dans un organe officiel de la marine russe, à Pétersbourg, des articles d'une insolence rare à l'égard de la république française ; on se moquait de son parlement et de ces « misérables roitelets », les députés du Palais-Bourbon. Muni du numéro de la revue pétersbourgeoise, j'allai m'expliquer à la censure.

— A proprement parler, me dit M. Chasles, je n'y suis pour rien. Toutes les instructions concernant votre publication viennent du ministère des Affaires étrangères. Ne voudriez-vous pas causer avec un de nos diplomates ?

Une demi-heure plus tard, au ministère de la Guerre, je voyais venir à moi un diplomate, un gentleman à cheveux gris. Entre nous eut lieu le dialogue suivant, que j'ai noté presque aussitôt après :

— Ne pourriez-vous pas m'expliquer pourquoi l'on m'a supprimé un article consacré à un bureaucrate russe en retraite, en disgrâce, et qui, d'ailleurs, vient de mourir ? Quel rapport cela peut-il avoir avec les opérations de guerre ?

— Vous savez, ces articles-là *leur* sont désagréables, fit le diplomate en donnant un coup de tête du côté de la rue de Grenelle.

— Mais nous écrivons justement pour leur être désagréables...

Le diplomate sourit indulgemment à cette sortie, comme à une boutade.

— Nous sommes en guerre. Nous dépendons de nos alliés.

— Vous voulez dire que le régime intérieur de la France se trouve sous le contrôle de la diplomatie tsariste ? Dans ce cas, n'y a-t-il pas eu erreur quand vos ancêtres ont coupé la tête à Louis Capet ?

— Oh ! vous exagérez. Et ne l'oubliez pas, je vous en prie : nous sommes en guerre...

La conversation devint alors oiseuse. Le diplomate m'expliqua, avec un fin sourire, que, les dignitaires du pouvoir étant mortels, les vivants n'aimaient guère à entendre parler mal des dignitaires morts.

Après cette entrevue, tout marcha comme précédemment. Le censeur biffait. Souvent, au lieu d'un journal, nous sortions une feuille de papier blanc. Nous ne nous sommes jamais rendus coupables d'avoir transgressé la volonté de M. Chasles. Et ce monsieur était encore moins disposé à agir contre les intentions de ceux qui l'avaient placé.

Néanmoins, en septembre 1916, la préfecture me signifia l'arrêté d'expulsion. Quel motif ? On ne m'en dit rien alors. C'est seulement avec le temps qu'on a pu découvrir qu'il y avait eu un acte d'odieuse provocation organisé en France par la Sûreté russe.

Lorsque le député Jean Longuet vint protester, ou plus exactement exprimer sa désolation, — car les protestations de Longuet sont toujours modulées sur les tons les plus doux, — auprès de Briand, le président du conseil lui répondit :

— Mais savez-vous que l'on a trouvé des numéros de *Naché Slovo*, à Marseille, sur des soldats russes qui ont assassiné leur colonel ?

Longuet ne s'attendait pas à cela. Il connaissait la direction zimmerwaldienne du journal, il pouvait l'admettre d'une façon ou d'une autre, mais le meurtre d'un colonel ne pouvait que le décontenancer.

Il vint aux informations chez mes amis français, et ceux-ci me questionnèrent à leur tour, mais je n'en savais pas davantage qu'eux-mêmes sur le meurtre commis à Marseille.

Par hasard, des correspondants de la presse libérale russe, patriotes et adversaires de *Naché Slovo*, se mêlèrent de l'affaire et élucidèrent toutes les circonstances de cette histoire.

Il se trouva qu'en expédiant à la république française des soldats russes, — des détachements insignifiants qu'on disait « symboliques », — le gouvernement du tsar avait aussi mobilisé en toute hâte un nombre proportionnné de mouchards et d'agents provocateurs.

Parmi ces derniers se trouvait un certain Winning (si je ne me trompe), venu de Londres avec une recommandation du consul de Russie.

Pour ses débuts, Winning essaya d'amener à la propagande « révolutionnaire » parmi les soldats, les plus modérés des correspondants de la presse russe. Mais là il essuya des rebuffades.

Il n'osa pas s'adresser à la rédaction de *Naché Slovo*, par suite de quoi nous ne sûmes rien de lui. Ayant échoué à Paris, Winning gagna Toulon où il eut, apparemment, un certain succès parmi les matelots russes auxquels il était plus difficile de deviner ce qu'il valait.

De Toulon il écrivit à différents journalistes russes :

« Pour notre travail, le terrain est ici très favorable ; envoyez-moi des livres et des journaux révolutionnaires ».

Il prenait ses destinataires au petit bonheur ; il ne reçut pas une réponse.

A Toulon, une vive agitation éclata sur le croiseur russe

Askold. Elle fut brutalement étouffée. Le rôle de Winning dans cette affaire était trop évident : il jugea opportun de transporter son activité à Marseille.

Là aussi le terrain se trouva « favorable ». Ce ne fut pas sans la participation de Winning qu'une fermentation se produisit parmi les soldats russes, qui aboutit à ceci que le colonel Krause fut lapidé par ses soldats, dans la cour d'une caserne. Quand on vint arrêter les hommes mêlés à cette affaire, on trouva sur eux un seul et même numéro de *Naché Slovo.* Lorsque les journalistes russes arrivèrent à Marseille pour s'informer sur ce qui s'était passé, les officiers leur apprirent qu'un certain Winning, pendant la mutinerie, avait glissé des exemplaires de *Naché Slovo* à ceux qui en voulaient comme à ceux qui n'en voulaient pas. C'est seulement ainsi que l'on trouva le journal sur des hommes arrêtés qui ne pouvaient avoir eu le temps de le lire.

Il faut remarquer qu'aussitôt après l'entretien de Longuet avec Briand, concernant mon expulsion, c'est-à-dire avant que le rôle de Winning dans cette affaire ne fût élucidé, j'exprimai, dans une lettre ouverte à Jules Guesde, cette idée que *Naché Slovo* aurait bien pu être distribué à dessein aux soldats, au bon moment, par un provocateur. Cette hypothèse fut confirmée, beaucoup plus tôt que je ne pouvais m'y attendre, et d'une façon incontestable, par de violents ennemis de notre journal. Mais qu'importait ! La diplomatie tsariste avait trop clairement donné à entendre au gouvernement de la république que, s'il désirait recevoir des soldats russes, il devait immédiatement détruire notre nid de révolutionnaires. Ce but fut atteint : le gouvernement qui avait hésité jusque-là supprima *Naché Slovo,* et le ministre de l'Intérieur, Malvy, signa à mon égard un arrêté d'expulsion préparé d'avance par la préfecture de police.

Le cabinet se sentit alors solidement à couvert. Briand signala comme motif de mon expulsion l'affaire de Marseille non seulement à Jean Longuet, mais à plusieurs autres députés, notamment à Leygues, président d'une commission parlementaire. Cela ne pouvait pas ne pas agir. Mais comme *Naché Slovo* ne pouvait avoir provoqué le meurtre d'un colonel, étant un journal rigoureusement contrôlé par la censure, qui se vendait librement dans les kiosques, l'affaire resta mystérieuse tant qu'on n'en connut pas les dessous, l'œuvre de provocation. On en eut des révélations même à la Chambre. Il m'a été rapporté que Painlevé, alors ministre de l'Instruction publique, se serait écrié, quand on l'informa de ce qui s'était passé dans la coulisse :

— C'est une honte... On ne peut pas laisser les choses ainsi !...

Mais on était en guerre. Le tsar était un allié. Il était impossible de démasquer Winning. Il ne restait plus qu'à exécuter l'ordre de Malvy.

La préfecture me fit savoir qu'étant expulsé, je pouvais opter pour un pays de mon choix. J'apprenais en même temps que l'Angleterre et l'Italie refusaient l'honneur de me donner asile. Restait la Suisse. Mais, — hélas ! — la légation de ce pays me refusa brutalement son visa. Je télégraphiai à des Suisses de mes amis. Je reçus une réponse qui devait me tranquilliser : on m'accepterait. Cependant, la légation de Suisse maintint son interdit. Comme on l'a su plus tard, l'ambassade de Russie, soutenue par les Alliés, avait fait une pression à Berne et les autorités différèrent la solution pour attendre que je fusse expulsé d'un autre côté. Je ne pouvais gagner la Hollande ou les pays scandinaves qu'en traversant l'Angleterre. Mais le gouvernement anglais me refusa catégoriquement même le droit de transit. Restait l'Espagne. Mais là je refusai moi-même de gagner de mon propre gré la péninsule ibérique. Mes démarches à la préfecture durèrent environ six semaines. Des mouchards me suivaient de près, se tenaient en faction à la porte de l'immeuble où je logeais et devant la rédaction de notre journal, sans jamais me perdre de vue.

Enfin, les autorités parisiennes se décidèrent à employer

les grands moyens. Le préfet de police, Laurent, me convoqua et me fit savoir que, puisque je me refusais à partir de bon gré, deux inspecteurs allaient venir chez moi.

— Ils seront en civil, ajouta-t-il du ton le plus prévenant.

L'ambassade était arrivée à ses fins. Je fus expulsé.

Dans certains détails de mon récit, il peut y avoir quelques petites inexactitudes ; je me suis basé sur des notes prises alors. Mais tout l'essentiel est absolument incontestable. D'ailleurs, la plupart de ceux qui ont été mêlés à cette histoire vivent encore. Ils sont encore nombreux en France. Les papiers subsistent. Il ne serait vraiment pas difficile de rétablir les faits. Pour moi, j'estime, sans aucun doute, que si l'on parvenait à extraire l'arrêté de Malvy qui m'expulsa des archives de la police, et si l'on soumettait ce document à une étude dactyloscopique, on y retrouverait quelque part, dans un coin, à coup sûr, l'empreinte de l'index de Winning.

CHAPITRE VIII

A TRAVERS L'ESPAGNE

Les deux inspecteurs de police m'attendaient chez moi, dans la petite rue Oudry : l'un de petite taille, presque vieux ; l'autre énorme, chauve, d'un noir de goudron, âgé d'environ quarante-cinq ans. Leurs vêtements de civils leur allaient mal. Lorsqu'ils avaient à répondre, ils portaient involontairement la main à une visière inexistante. Au moment où je fis mes adieux à mes amis et à ma famille, les policiers, par un surcroît de politesse, se dissimulèrent derrière la porte. En sortant, le plus âgé ôta plusieurs fois son chapeau :

— Excusez, Madame...

Un des deux mouchards qui m'avaient infatigablement et rageusement filé au cours des deux derniers mois, attendait en bas, sur le trottoir. Cette fois, il arrangea lui-même, d'un geste amical, le plaid et ferma la portière de l'auto. Il avait l'air d'un chasseur qui livre le gibier à l'acheteur. Nous partîmes.

Un rapide. Compartiment de troisième classe. Il se trouva que le plus âgé des inspecteurs avait des connaissances géographiques. Tomsk, Kazan, la foire de Nijni-Novgorod... Il savait tout. Il savait l'espagnol, il connaissait l'Espagne. L'autre, le grand noiraud, se tut longtemps, renfrogné, assis à l'écart. Mais, ensuite, il se montra plus ouvert.

— La race latine piétine sur place, les autres la dépassent, déclara-t-il tout à coup, nettoyant avec son couteau un morceau de cochon étalé sur sa main velue, chargée de grosses bagues. Que trouvez-vous en littérature ? C'est la décadence partout. En philosophie, c'est la même chose. Depuis le temps de Descartes et de Pascal, il n'y a pas de mouvement... La race latine piétine sur place...

Stupéfait, j'attendais la suite. Mais il se tut et se mit à mâcher son lard avec un petit pain.

— Vous avez eu Tolstoï, dit-il encore, mais Ibsen nous est plus compréhensible que Tolstoï.

Et il rentra dans son silence.

Le vieux, vexé de l'éclat de cette érudition, entreprit d'expliquer l'importance du transsibérien. Ensuite, complétant et atténuant aussi les déclarations pessimistes de son collègue, il ajouta :

— Oui, ce qui nous manque, c'est l'esprit d'initiative. Tout le monde cherche à devenir fonctionnaire. C'est triste, mais on ne peut pas le nier.

Résigné, je les écoutais tous deux, non sans curiosité.

— Les filatures ? Oh maintenant, ça devient impossible. Une filature est effective, pas vrai ? quand ça ne se voit pas... Faudrait le dire carrément : c'est le métro qui tue la filature... Ceux qu'on doit filer, faudrait leur dire : prenez pas le métro. Alors, comme ça, la filature serait dans les possibilités...

Le noiraud ricana, d'un air sombre.

Et le vieux, tâchant d'atténuer :

— Souvent, on file des gens, hélas ! sans savoir même pourquoi...

— Nous autres, de la police, on est des sceptiques, reprit le noiraud, sans chercher aucune transition. Vous avez vos idées à vous. Nous, on garde ce qui existe, Tenez, prenez notre grande Révolution... C'était-il un mouvement d'idées ! Eh bien, quatorze ans après cette révolution, le peuple était plus malheureux que jamais ! Lisez un peu Taine...

Nous autres, de la police, on est des conservateurs par nos fonctions. Le scepticisme, c'est la seule philosophie qui répond à notre profession... A la fin des fins, y a personne qui choisisse son chemin... Le libre arbitre, ça n'existe pas... Tout est prédéterminé par la marche des choses...

Stoïque, il se mit à boire du vin rouge, au goulot même de la bouteille. Ensuite, renfonçant le bouchon :

— Renan, il a dit que les idées neuves viennent toujours trop tôt. Ça, c'est juste...

A ce moment, le noiraud jeta un coup d'œil soupçonneux sur ma main que j'avais par hasard posée sur la poignée de la portière. Pour le tranquilliser, je remis ma main dans ma poche.

Pendant ce temps, le vieux prenait sa revanche. Il parlait des Basques, de leur langue, des femmes, de leurs coiffures et de bien d'autres choses. Nous arrivions en gare d'Hendaye.

— C'est ici qu'a demeuré Déroulède, notre romantique national. Ça lui suffisait d'apercevoir les montagnes de France. Un don Quichotte dans son petit coin d'Espagne...

Le noiraud sourit d'un air de ferme indulgence.

— Suivez-moi, monsieur, au commissariat de la gare.

A Irun, un gendarme français me questionna, mais mon convoyeur lui fit un signe maçonnique et m'emmena en toute hâte par des couloirs.

— C'est fait avec discrétion, n'est-ce pas ? me dit le noiraud. D'Irun, vous pouvez gagner Saint-Sébastien par le tramway. Vous devez vous donner un air de touriste pour ne pas éveiller les soupçons de la police espagnole qui est très, très méfiante. Et après ça, je ne vous connais plus, pas vrai ?

Nous nous séparâmes froidement...

De Saint-Sébastien, où j'admirai la mer et fus épouvanté par le coût de la vie, je me rendis à Madrid : là, je ne connaissais absolument personne et personne ne me connaissait. De plus, comme je ne savais pas l'espagnol, je n'aurais pu me trouver plus isolé en plein Sahara ou dans la forteresse

Pierre-et-Paul. Il ne me restait qu'à recourir au langage des beaux-arts. Deux années de guerre m'avaient contraint à oublier que cela aussi existe. J'allai contempler en véritable affamé les inappréciables trésors du musée de Madrid et je sentis, comme autrefois, ce qu'il y avait d'« éternel » dans cet art. Rembrandt... Ribera... Les tableaux de Bosch (Jérôme Aeken) dont l'allégresse naïve est géniale. Un vieux gardien me prêta une loupe pour examiner les petites figures de paysans, les ânons, les chiens, qui peuplent les tableaux de Miguel. Là, on ne sentait plus du tout la guerre, tout était solidement en place, les couleurs continuaient à vivre d'une vie qui ne répond de rien devant personne.

Voici ce que je notai, au musée, dans mon carnet :

« Entre nous et ces anciens, — sans les masquer ni les diminuer, — un nouvel art s'est dressé, dès avant la guerre, plus intime, plus individualiste, nuancé, plus subjectif, plus tendu... La guerre emportera probablement pour longtemps ces états d'âme et cette manière, dans des passions et des souffrances de masses, — mais cela ne peut nullement signifier que l'on en reviendra simplement aux vieilles formes, si belles soient-elles, au « fini » anatomique et botanique, aux cuisses à la Rubens (bien que les cuisses doivent vraisemblablement jouer un grand rôle dans l'art nouveau d'après-guerre, avide de vie). Il est difficile de deviner, mais après les extraordinaires émotions qui ont pris au cœur presque toute l'humanité civilisée, un nouvel art doit naître... »

A l'hôtel, le dictionnaire en main, je lisais les journaux espagnols et attendais des réponses aux lettres que j'avais expédiées en Suisse et en Italie. J'espérais encore pouvoir gagner ces pays.

Quatre jours après mon arrivée à Madrid, je reçus de Paris une lettre qui me donnait l'adresse du socialiste français Gabier. C'était, à Madrid, le directeur d'une compagnie d'assurances. Bien qu'il occupât une situation bourgeoise, Gabier se déclara adversaire résolu de la politique patriotique de son parti. J'appris par lui que le parti espagnol se trouvait tout entier sous l'influence du social-patriotisme français. Il n'y avait de sérieuse opposition qu'à Barcelone, chez les syndicalistes. Le secrétaire du parti socialiste, Anguillano, à qui je voulus rendre visite, se trouvait en prison pour quinze jours, condamné pour avoir parlé peu respectueusement d'un saint catholique. Au temps jadis, Anguillano eût été tout simplement brûlé en autodafé.

J'attendais toujours une réponse de Suisse, j'apprenais par cœur des mots espagnols, je causais avec Gabier et visitais les musées. Le 9 novembre, la servante de la petite pension où Gabier m'avait installé m'appela par gestes épouvantés dans le corridor. Là, m'attendaient deux gaillards que leur mine donnait bien pour ce qu'ils étaient, lesquels, sans trop d'aménité, m'invitèrent à les suivre. Où cela ? Bien entendu, à la préfecture de Madrid.

Là, on me fit asseoir dans un coin.

— Je suis donc arrêté ? dis-je.

— Oui, *par una hora, dos horas.* (Pour une heure ou deux).

Je restai à ma place sans bouger pendant sept heures de suite. A neuf heures du soir, on me conduisit à un étage supérieur et je comparus devant un Olympe assez nombreux.

— Pour quelle raison, en somme, m'avez-vous arrêté ?

Cette simple question laissa les Olympiens interloqués. Chacun d'eux, à son tour, proposa quelque hypothèse. Il en fut un qui allégua les difficultés faites par le gouvernement russe aux étrangers qui désiraient obtenir un passeport pour se rendre en Russie.

— Si vous saviez, dit un autre, comme s'il cherchait à se concilier ma sympathie, combien d'argent nous dépensons à poursuivre nos anarchistes !...

— Mais, pardon, je ne puis être simultanément responsable de ce que font la police russe et les anarchistes espagnols !...

— Bien sûr, bien sûr... C'est seulement pour vous donner un exemple...

— Quelles sont vos idées ? me demanda enfin, après réflexion, le chef.

J'exposai mes idées, en simplifiant.

— Alors, vous voyez bien, me répondit-on.

Finalement, le chef déclara, par l'intermédiaire de l'interprète, que j'étais invité à quitter l'Espagne dans le plus bref délai et qu'en attendant mon départ, ma liberté serait sujette « à une certaine limitation ».

— Vos idées sont *trop avancées*[1] pour l'Espagne, me fit-il dire, parlant à cœur ouvert, par l'interprète.

A minuit, un agent me conduisit, en fiacre, à la prison. Ce fut l'inévitable fouille au centre de l'étoile à cinq pointes que formait la maison, se composant de cinq corps de logis, à quatre étages chacun. Des escaliers en fer, suspendus. Ce silence particulier des prisons, silence nocturne, chargé de lourdes exhalaisons et de cauchemars. Une avare lumière électrique dans les couloirs. Tout ce que je connaissais déjà, toujours la même chose. Le grondement de la porte bardée de fer. Une grande chambre, dans la pénombre ; la mauvaise odeur du lieu, un misérable lit qui vous dégoûte d'avance. Le bruit de tonnerre de la porte refermée...

Combien de fois déjà dans ma vie ?...

J'ouvris le vasistas, derrière la grille de la fenêtre. Un souffle frais tomba sur moi. Sans me déshabiller, me boutonnant même sur tous les joints, je m'étendis sur le lit et me couvris de mon paletot. C'est alors seulement que je compris toute l'absurdité de ce qui m'arrivait. En prison, à Madrid. Je n'aurais jamais rêvé ça. Izvolsky avait bien travaillé ! Enfermé à Madrid ! Etendu sur un des lits de la « prison-modèle » de Madrid, j'en mourais de rire. Et j'en ris jusqu'au moment où je m'endormis.

A l'heure de la promenade, des détenus de droit commun

1. En français dans le texte. — N. d. T.

m'expliquèrent que dans cette maison, il y avait des chambres payantes et d'autres gratuites. Une chambre de première classe coûtait une peseta et demie par jour ; en deuxième classe, on payait soixante-quinze centimes. Tout détenu avait le droit d'occuper une chambre payante, mais nul n'était en droit d'en refuser une non-payante. La chambre où j'étais était payante et de première classe. Je recommençai à rire, de tout cœur. Mais, à la fin des fins, tout cela m'apparut simplement logique. Pourquoi y aurait-il de l'égalité dans la prison d'une société qui est tout entièrement construite sur l'inégalité ? J'appris aussi que les habitants des chambres payantes pouvaient se promener deux fois par jour, et une heure chaque fois, tandis que les autres prisonniers n'avaient qu'une demi-heure pour prendre l'air dans leur journée. C'était encore dans la règle. Les poumons d'un voleur du Trésor, qui paie journellement un franc cinquante, ont droit à plus d'air que ceux d'un gréviste qui respire gratuitement.

Le surlendemain, je fus appelé à l'anthropométrie et l'on me pria de mettre les doigts dans de l'encre d'imprimerie pour les marquer sur des fiches. Je m'y refusai. Alors, on recourut à la « violence », mais avec la dernière courtoisie. Je regardais du côté de la fenêtre, tandis que le surveillant salissait poliment ma main, un doigt après l'autre, et l'appliquait une dizaine de fois sur des fiches et des feuilles, d'abord la main droite, puis la main gauche. Ensuite, on me demanda de m'asseoir et de me déchausser. Je refusai. L'affaire se compliquait. Les gens de l'administration tournaient autour de moi, très embarrassés.

A la fin des comptes, on me permit inopinément une entrevue avec Gabier et Anguillano : celui-ci avait été, la veille, relâché de prison, non de celle où j'étais. Ils m'apprirent que tout était mis en œuvre pour obtenir mon élargissement. Dans un corridor, je rencontrai l'aumônier. Il m'exprima sa sympathie de prêtre catholique pour mon pacifisme et ajouta en manière de consolation :

— *Paciencia ! paciencia !*

Je n'avais plus en effet qu'à prendre patience.

Le matin du 12, un agent vint m'apprendre que le soir même, je devais partir pour Cadix et me demanda si je désirais payer mon billet. Mais je n'avais pas l'intention d'aller à Cadix. Je refusai nettement de payer le prix du voyage. Il me suffisait d'avoir réglé les frais d'une chambre dans une prison-modèle.

Ainsi donc, ce soir-là, nous partîmes de Madrid pour Cadix. Dépense à la charge du roi d'Espagne. Mais pourquoi Cadix ? Encore une fois je consultai la carte. Cette ville se trouve à l'extrême pointe de la péninsule et du sud-ouest européen : de Bérézov, avec un attelage de rennes, par l'Oural, par Pétersbourg, de là, en faisant un circuit, en Autriche, d'Autriche en Suisse, de Suisse en France, de France en Espagne, et enfin, à travers toute la presqu'île ibérique... Cadix... Direction générale : du nord-est au sud-ouest. Là, c'est le bout du continent, le commencement de l'océan. *Paciencia !...*

Les agents qui m'accompagnaient ne firent aucun mystère de notre voyage ; bien au contraire, ils racontèrent à qui voulait les entendre, avec force détails, en me dépeignant à leur manière, du meilleur côté : ce n'est pas un faux-monnayeur, c'est un *caballero*, mais qui n'a pas des idées comme il faut. Tout le monde cherchait à me consoler en m'assurant qu'à Cadix, le climat est très bon.

Je dis aux agents :

— Comment donc m'avez-vous découvert ?

— C'est très simple : un télégramme de Paris...

C'était bien ce que je pensais.

La direction de Madrid avait reçu de la préfecture de police de Paris un télégramme disant : « Dangereux anarchiste — ici, mon nom — a passé frontière Saint-Sébastien. Veut résider Madrid. » De sorte que j'étais attendu et qu'on s'inquiéta fort en me recherchant toute une semaine. Les policiers français avaient mis bien de la « délicatesse » à me faire passer cette frontière ; l'un d'eux, l'admirateur de Montaigne et de Renan, ne m'avait-il pas dit :

— *C'est fait avec discrétion, n'est-ce pas?* [1]

Mais, en même temps, la police française télégraphiait à celle de Madrid qu'un dangereux « anarchiste » passait les portes d'Irun et de Saint-Sébastien.

Dans toute cette histoire, le grand rôle fut tenu par le chef de la police dite judiciaire, Faux-Pas-Bidet. Ce fut l'inspirateur de la filature et de l'expulsion. Le dit Bidet se distinguait de ses collègues par une grossièreté et une exaspération insolites. Il avait essayé de prendre avec moi un ton que ne se seraient jamais permis les officiers de la gendarmerie du tsar. Nos entrevues se terminèrent toujours par des éclats. En sortant de son cabinet, je sentais sur mon dos son regard haineux.

Lorsque je vis Gabier à la prison, je lui dis que, certainement, mon arrestation avait été préparée par le Bidet-Faux-Pas. Ce nom, grâce à moi, passa dans la presse espagnole.

Il fallut moins de deux ans pour que le sort m'accordât, à l'égard du sieur Bidet, une complète satisfaction, tout à fait inattendue.

Pendant l'été de 1918, un coup de téléphone au commissariat de la Guerre m'apprit que le Bidet, Bidet le foudre, était enfermé dans une de nos prisons soviétistes. Je n'en pouvais croire mes oreilles. Il se trouva que le gouvernement français avait expédié le Bidet parmi les membres de la mission militaire française, pour espionner et organiser des complots dans la Russie soviétiste. Et il avait eu la maladresse de se faire prendre. On ne peut en demander davantage à Némésis, surtout si l'on pense que Malvy, ministre de l'Intérieur, qui avait signé l'arrêté de mon expulsion, fut bientôt lui-même banni de France, par l'opération du ministère Clemenceau, sous l'accusation d'intrigues paci-

1. En français dans le texte. — N. d. T.

fistes. Peut-on inventer pareille combinaison de circonstances ? On dirait que c'est fait pour un film !

Lorsque le Bidet me fut amené au commissariat, je ne le reconnus pas tout de suite. Ce lanceur de foudres n'était plus qu'un simple mortel, et tout à fait déprimé. Je le regardais, ébahi.

— *Mais oui, Monsieur*, me dit-il en baissant la tête, *c'est moi...* [1]

C'était, en effet, ce Bidet.

— Mais comment cela ? Comment cela est-il arrivé ?

Le Bidet ouvrit les bras en philosophe et me dit, avec toute la conviction d'un stoïque policier :

— *C'est la marche des événements* [2].

C'était bien ça. Belle formule. Dans ma mémoire reparut le fataliste noiraud qui m'avait mené à Saint-Sébastien : « il n'y a pas de libre arbitre, tout est prédéterminé... »

— Mais enfin, M. Bidet, vous n'étiez guère poli, à mon égard, à Paris !...

— Hélas ! je dois en convenir avec regret, monsieur le commissaire du peuple. J'y ai souvent réfléchi dans ma cellule.

Et il ajouta d'un air significatif :

— Il est parfois utile de connaître la prison en la voyant du dedans. Mais j'espère, tout de même, que ma conduite à Paris n'aura pas pour moi de fâcheuses conséquences...

Je le tranquillisai.

— Quand je serai rentré à Paris, m'assura-t-il, je ne ferai plus le même métier.

— Croyez-vous, M. Bidet ? *On revient toujours à ses premières amours* [3].

J'ai si souvent raconté cette scène aux amis que je me rappelle ce dialogue comme s'il était d'hier. Dans la suite,

---

1. Les mots en italiques sont en français dans le texte. — N. d. T.
2. En français dans le texte. — N. d. T.
3. En français, dans le texte. — N. d. T.

le Bidet fut relaxé, à l'occasion d'un échange de prisonniers. Je ne sais ce qu'il est devenu.

En attendant, il nous faut quitter le commissariat de la Guerre et revenir à Cadix.

Après avoir consulté le gouverneur de la ville, le préfet m'apprit que le lendemain matin, à huit heures, je serais expédié à la Havane. Un bateau était, justement, par un heureux hasard, en partance pour cet endroit.

— Où ça ?

— A la Havane.

— A-la-Ha-vane ?...

— A la Havane !

— Je ne partirai pas de bon gré.

— Nous serons forcés de vous mettre en cale.

Le secrétaire du consulat d'Allemagne qui assistait à l'entretien, en qualité d'interprète, me conseilla de tenir compte des « réalités » (*mich mit den Realitäten abzufinden*).

Paciencia, paciencia ! Mais c'en était trop. Je déclarai encore une fois que cela ne se passerait pas ainsi. Accompagné par des mouchards, je courus par les rues de cette ville délicieuse, sans trop la voir, et expédiai des télégrammes « urgents » à Gabier, à Anguillano, au directeur de la Sûreté, au ministre de l'Intérieur, au premier ministre Romañones, aux journaux libéraux, à des députés républicains, me servant de tous les arguments qui peuvent être insérés dans une dépêche. Ensuite, j'envoyai des lettres dans toutes les directions.

J'écrivis au député italien Serrati :

« Imaginez, mon cher ami, que vous vous trouviez actuellement à Tver, sous la surveillance de la police russe et que l'on veuille vous envoyer à Tokio, où vous n'avez pas du tout l'intention d'aller... Telle est à peu près ma situation à Cadix, à la veille du jour où l'on m'enverra à la Havane ».

Ensuite, toujours escorté par des mouchards, je revins à toute vitesse chez le préfet. Cédant à mes instances, celui-ci télégraphia, à mes frais, à Madrid, que je préférais rester en prison à Cadix, en attendant un bateau pour New-York, plutôt que de me rendre à la Havane. Je ne voulais pas céder. Ce fut une chaude journée !

Pendant ce temps, le député républicain Castrovido interpellait aux Cortès, au sujet de mon arrestation et de mon expulsion. Une polémique s'ouvrit dans les journaux. Ceux de gauche attaquaient la police, mais, en qualité de francophiles, condamnaient mon « pacifisme ». Ceux de droite avaient de la sympathie pour mes sentiments « germanophiles » (s'expliquant ainsi pourquoi l'on m'avait expulsé de France), mais exprimaient des appréhensions à l'égard de mon « anarchisme ». Dans ce méli-mélo, personne ne comprenait plus rien. Cependant, on m'autorisa à attendre à Cadix l'arrivée du plus prochain bateau à destination de New-York. C'était une sérieuse victoire...

Après cela, durant plusieurs semaines, je vécus sous la surveillance de la police gaditane. Mais ce fut une surveillance tout à fait placide et familiale, — tout autre qu'à Paris.

En France, pendant les deux derniers mois, j'avais dû dépenser une bonne dose d'énergie à fuir les mouchards, sautant en taxi, me réfugiant dans l'obscurité d'un cinéma, me précipitant à la dernière seconde dans une voiture du métro, ou bien, au contraire, en descendant brusquement... Mes poursuivants avaient l'œil, eux aussi, et inventaient toutes sortes de trucs pour me rattraper : s'emparant les premiers des autos, montant la garde à la porte des cinémas, sautant, comme des bombes, à bas des trams et des rames de métro, provoquant l'indignation du public et des contrôleurs... Au fond, tout cela n'était que de l'art pour l'art. Toute mon activité politique s'étalait au grand jour sous les yeux de la police. Mais les filatures m'agaçaient et éveillaient en moi des instincts sportifs.

A Cadix, il en fut autrement : tel mouchard vient m'annoncer qu'il reviendra à telle heure et que je dois l'attendre patiemment à l'hôtel. D'autre part, il défend fermement mes intérêts, il m'aide à faire mes achats et me signale les crevasses du trottoir. Un marchand ambulant m'ayant demandé deux réaux pour une douzaine de crevettes, le mouchard le rembarra furieusement, avec des gestes menaçants, et comme le marchand sortait du café, courut après lui et fit sous les fenêtres un tel bruit qu'il ameuta la foule.

Je tâchais de ne pas trop perdre mon temps : j'étudiais, à la bibliothèque de la ville, l'histoire de l'Espagne ; j'apprenais par cœur les conjugaisons des verbes espagnols et, me préparant pour l'Amérique, je revisais mon vocabulaire anglais. Les journées passaient insensiblement et, souvent, vers le soir, je constatais avec regret que le jour du départ approchait et que je n'avais pas encore fait assez de progrès.

A la bibliothèque, j'étais toujours seul, si l'on ne tient pas compte des vers rongeurs de livres, qui avaient déjà dévoré nombre de volumes datant du XVIIIe siècle. Parfois, il fallait bien de l'application pour deviner le nom d'un auteur ou une date.

Je trouve dans mon carnet d'alors la notation suivante :

« Cet historien de la révolution espagnole parle des politiciens qui, cinq minutes avant la victoire du mouvement populaire, le condamnaient comme un crime et une folie, et qui, tout aussitôt après, cherchaient à se faire valoir. »

Le même historien continue ainsi :

« Ces habiles messieurs se sont montrés dans toutes les révolutions qui ont suivi et ont toujours crié plus fort que les autres. En espagnol, on les appelle des *panzistas*, du mot *panse*. On sait que de là vient le nom de notre vieille connaissance, Sancho Pança. Il est difficile de traduire ce mot, mais du point de vue linguistique seulement et aucunement sous le rapport de la politique. C'est là un type tout à fait international. »

Après 1917, j'ai eu bien souvent l'occasion de m'en persuader encore.

Il est à noter que les journaux de Cadix ne disaient absolument rien de la guerre, comme si elle n'existait pas. Lorsque j'attirais l'attention des gens avec qui je causais sur la complète absence des bulletins de guerre dans le journal local le plus répandu, *El Diario de Cadiz*, on me répondait avec étonnement :

— Pas possible !... Ah ! oui, en effet !...

Ces gens-là ne s'en étaient donc pas aperçus plus tôt. En fin de compte, il y avait une guerre quelque part, au nord des Pyrénées. Moi-même, je commençais à perdre l'habitude de penser à la guerre.

Le bateau pour New-York partait de Barcelone. J'obtins l'autorisation de gagner cette ville, pour aller à la rencontre de ma famille.

A Barcelone, j'eus de nouvelles difficultés avec la police. Je protestai de nouveau, j'expédiai de nouveaux télégrammes, je fus suivi par d'autres mouchards. Ma famille arriva. Elle avait passé par bien des émotions à Paris. Mais. maintenant, tout allait bien. Nous visitâmes la ville, toujours suivis par les mouchards. Nos garçons apprécièrent la mer et les fruits qu'on vendait dans les rues. Nous nous étions déjà tous faits à l'idée d'aller en Amérique. Mes démarches pour obtenir le droit de gagner la Suisse par l'Italie n'avaient rien donné. Il est vrai que l'autorisation fut enfin accordée, sur les instances des socialistes italiens et suisses, mais alors, j'avais déjà pris passage avec les miens sur le vapeur espagnol qui sortit, le 25 décembre, du port de Barcelone. Le retardement fut, bien entendu, machiné d'avance. Dans cette partie, Izvolsky combinait assez bien les choses.

La porte de l'Europe se refermait sur moi à Barcelone. La police nous installa, moi et les miens, sur le transatlantique espagnol *Montserrat* qui devait, en dix-sept jours, livrer sa cargaison, vive et morte, à New-York. Dix-sept jours, c'est une durée qui aurait pu paraître bien séduisante à l'époque de Christophe Colomb dont la statue domine le port de Barcelone.

La mer fut extrêmement tempétueuse et fit tout pour nous rappeler le peu de valeur de l'existence. Le *Montserrat* était un vieux navire, peu fait pour la navigation sur l'océan. Mais le pavillon espagnol, neutre, diminuait de beaucoup les risques de torpillage. Et c'est pourquoi la compagnie prenait cher, logeait mal ses passagers et les nourrissait encore plus mal.

La population du navire était d'une composition variée et, dans l'ensemble, peu attirante. Il s'y trouvait nombre de déserteurs de différents pays, surtout de ceux dont le rang social est plus élevé. Tel artiste emportait ses tableaux, son talent, sa fortune et emmenait sa famille sous la protection de son vieux père, loin de la ligne du feu. Un boxeur, littérateur à l'occasion, cousin d'Oscar Wilde, avouait franchement qu'il aimait mieux démolir la mâchoire à des messieurs yankees, dans un noble sport, que de se faire crever les côtes par un Allemand. Un champion du billard, gentleman sans reproche, s'indignait à penser que l'appel touchait aussi ceux de son âge. Et pourquoi cela ? Pour ce massacre insensé ? Il exprimait ses sympathies aux idées de Zimmerwald... Tous les autres étaient de la même espèce : déserteurs, aventuriers, spéculateurs, bannis d'Europe, — « éléments indésirables » — car qui pourrait avoir l'idée de traverser en cette saison l'Atlantique sur un mauvais vapeur espagnol ?

Il serait plus embarrassant de caractériser les passagers de troisième classe. Entassés, se remuant peu, parlant peu, car ils mangent peu, mornes, ils voguent d'une mauvaise misère, trop coutumière, vers une autre qui est encore du domaine de l'inconnu. L'Amérique travaille pour l'Europe belligérante, elle a besoin de fraîches ressources en main-d'œuvre, à condition qu'on ne lui apporte ni trachome, ni anarchisme, ni autres maladies.

Le paquebot, pour nos garçons, est un champ illimité d'observations. A tout instant, ils découvrent quelque chose de nouveau.

— Tu sais, il y a un homme de chauffe qui est très gentil : c'est un républicain. Comme il a beaucoup voyagé d'un pays à l'autre, il parle dans une langue à lui.

— Un républicain ? Mais comment l'avez-vous compris ?

— Il nous a tout très bien expliqué ; il a dit *Alfonso*, et, après, il a fait : pan-pan !...

Je dois en convenir, c'est un vrai républicain. Les enfants lui portent du raisin de Malaga et d'autres choses qui doivent lui faire plaisir. Ils nous mettent en relations. Ce républicain a vingt ans et, au sujet de la monarchie, il est évidemment très bien fixé.

1er janvier 1917. Sur le navire, tout le monde se souhaitait la bonne année. Deux journées de Nouvel An en France ; la troisième sur l'océan. Que préparait 1917 ?

Un dimanche, le 13 janvier, nous arrivons devant New-York. A trois heures du matin, réveil général. Nous sommes en place. Il fait sombre. Il fait froid. Du vent. De la pluie. Sur la berge, un humide amoncellement d'édifices. Le Nouveau Monde...

CHAPITRE IX

NEW-YORK

Je me trouvais à New-York, cité fabuleusement prosaïque de l'automatisme capitaliste, où triomphent, dans les rues, la théorie esthétique du cubisme, et, dans les cœurs, la philosophie morale du dollar. New-York m'imposait parce qu'il exprime au mieux l'esprit moderne.

Le plus grand nombre des légendes que l'on a inventées à mon sujet se rapporte, je crois, à mon séjour aux États-Unis. En Norvège, où je n'avais fait que passer, des journalistes inventifs ont prétendu que je m'étais livré au nettoyage de la morue ; mais pour New-York, où j'ai passé deux mois, la presse m'a attribué une série de professions toutes plus intéressantes les unes que les autres. Si nous rapportions les aventures dont les journaux m'ont fait le héros, nous aurions, probablement, une biographie plus intéressante que celle que j'écris ici. Mais je me vois obligé de décevoir mes lecteurs américains. La seule profession que j'aie exercée à New-York fut celle d'un révolutionnaire socialiste. Et comme on n'en était pas encore à la guerre « libératrice », « démocratique », cette profession n'était pas réputée, aux États-Unis, plus criminelle que celle d'un contrebandier de l'alcool. J'écrivis des articles, fus rédacteur en chef d'un journal et parlai dans des meetings ouvriers. J'étais occupé au dernier degré et ne me sentais pas dépaysé.

Dans une des bibliothèques de New-York, j'étudiai avec

application la vie économique des États-Unis. Les chiffres qui exprimaient la croissance de l'exportation américaine depuis le début de la guerre me frappèrent. Ils furent pour moi une véritable révélation. Non seulement ils déterminaient d'avance l'entrée de l'Amérique dans la guerre, mais ils annonçaient le rôle décisif que devaient jouer dans le monde les Etats-Unis, lorsque la guerre serait finie.

J'écrivis dès alors plusieurs articles et fis quelques conférences sur ce sujet. Dès ce temps-là, le problème « Europe et Amérique » fut inscrit pour toujours dans le cercle de mes principales préoccupations. Actuellement encore, j'étudie cette question, espérant pouvoir y consacrer un livre. Si l'on peut comprendre les destinées prochaines de l'humanité, il n'y a pas de thème plus significatif que celui-là.

Le lendemain de mon arrivée, j'écrivais dans le journal russe *Novyi Mir* :

« C'est avec une profonde confiance en la révolution qui vient que j'ai quitté l'Europe ensanglantée. Et c'est sans aucune illusion « démocratique » que j'ai pris pied sur le rivage de ce Nouveau Monde, qui a déjà assez vieilli ».

Dix jours plus tard, dans un meeting international de « bienvenue », je disais :

« Le fait économique qui a la plus haute importance, c'est que l'Europe se ruine aux sources mêmes de sa fortune, tandis que l'Amérique s'enrichit. Et, contemplant avec envie New-York, moi qui ne me suis pas encore défait de mes sentiments d'Européen, je me demande, angoissé, si l'Europe pourra tenir... Ne va-t-elle pas se transformer en cimetière ?... Le centre de gravité de la vie économique et culturelle ne va-t-il pas passer de ce côté, en Amérique ? »

Quelles que soient les réussites actuelles de ce que l'on appelle la stabilisation européenne, la question se pose encore aujourd'hui comme alors.

Je fis des conférences en russe et en allemand dans divers quartiers de New-York, à Philadelphie et dans d'autres villes des environs. Mes connaissances en anglais étaient alors plus faibles que celles que je possède présentement, et, par conséquent, je ne pouvais songer à parler publiquement en cette langue. Pourtant, j'ai rencontré plus d'une fois des citations de discours que j'aurais prononcés en anglais, là-bas... Tout récemment encore, un rédacteur d'un journal de Constantinople me décrivait à moi-même une de ces conférences imaginaires, à laquelle il aurait assisté comme étudiant en Amérique... En toute sincérité, je dois dire que je n'ai pas eu le courage de lui apprendre qu'il était victime de sa propre imagination. Mais, hélas ! il n'en prit que plus d'assurance pour évoquer les mêmes « souvenirs » dans son journal.

Nous louâmes un logement dans un quartier ouvrier et achetâmes des meubles à crédit. Ce logement, qui nous coûtait dix-huit dollars par mois comprenait des commodités absolument inouïes en Europe : électricité, four à gaz, salle de bain, téléphone, monte-charge automatique pour les produits qu'on faisait venir d'en bas et pour les déchets que l'on renvoyait.

Tout cela engagea du coup nos garçons à penser beaucoup de bien de New-York. Pendant un certain temps, le téléphone, mystérieux instrument qu'ils n'avaient connu ni à Vienne, ni à Paris, fut leur grande occupation.

Le concierge de notre maison était un nègre. Ma femme lui versa trois mois de loyer, mais il ne lui remit pas de quittance, le propriétaire ayant emporté, la veille, pour vérification, le livre à souches. Lorsque, deux jours plus tard, nous prîmes possession du logement, il se trouva que le nègre avait disparu, emportant les sommes versées par plusieurs locataires. Outre l'argent, nous lui avions confié nos bagages et effets. Nous fûmes très inquiets. Mauvais début. Mais nous retrouvâmes tout ce qui nous appartenait. Et lorsque nous ouvrîmes une caisse où il y avait de la vaisselle, nous ne fûmes pas peu étonnés d'y retrouver nos dollars, soigneusement enveloppés dans du papier. Le portier n'avait emporté que l'argent versé par ceux des locataires qui avaient reçu des quittances en bonne et due forme. Il n'avait pas ménagé le propriétaire, mais il n'avait pas voulu causer de dommages aux habitants de la maison. L'excellent homme, en vérité ! Ma femme et moi fûmes profondément touchés de cette attention et avons gardé de ce nègre un souvenir reconnaissant. Ce petit incident me parut avoir une grande importance symptomatique. Devant moi semblait se soulever un coin du voile qui cache le problème « noir » aux Etats-Unis.

En ces mois-là, l'Amérique se préparait activement à la guerre. C'étaient, comme toujours, les pacifistes qui y poussaient le plus. Prononçant des discours qui ne leur coûtaient rien sur les avantages de la paix, comparativement à la guerre, ils terminaient toujours en prenant l'engagement de soutenir la guerre si celle-ci devenait « indispensable ». C'est dans cet esprit que Bryan menait son agitation. Les socialistes faisaient de l'accompagnement au chœur des pacifistes. On sait bien en effet que la guerre n'est odieuse à ces derniers qu'en temps de paix.

Lorsque les Allemands déclarèrent que rien ne les arrêterait plus dans la guerre sous-marine, des montagnes d'armes et de munitions, embouteillant les voies ferrées, surgirent dans toutes les gares et les ports de l'Est américain. Les prix des denrées de consommation courante subirent tout à coup une hausse considérable et j'ai vu, à New-York, cette ville si riche, des femmes et des mères, descendues dans la rue par dizaines de milliers, renverser les étalages, saccager les boutiques où se vendaient ces denrées.

— Qu'arrivera-t-il, dans le monde entier, après la guerre ? demandais-je, à moi-même et à d'autres.

Le 3 février eut lieu la rupture, depuis longtemps attendue, des rapports diplomatiques entre les Etats-Unis et l'Allemagne. De jour en jour, la musique du chauvinisme se faisait entendre plus fort. Les voix de ténors des pacifistes et de faussets des socialistes ne rompaient en rien l'harmonie.

J'avais déjà observé tout cela en Europe et la mobilisation du patriotisme américain ne fut pour moi qu'une seconde représentation. Je notais les étapes parcourues dans mon journal russe et songeais à la sottise de l'humanité qui a tant de mal à s'instruire.

De la fenêtre de la rédaction, je pus observer la scène suivante : un vieillard, aux yeux purulents, à la barbe grise et hirsute, s'était arrêté devant une poubelle et en avait tiré un quignon de pain. Il tenta de le briser entre ses mains ; le morceau était dur comme pierre ; il le porta alors à ses dents, puis le frappa à plusieurs reprises contre le bord de la poubelle. Rien n'y fit, le pain résistait. Alors, le vieil homme, jetant un coup d'œil derrière lui, comme s'il était inquiet ou troublé, fourra sa trouvaille sous son veston roux, et s'en alla, d'une démarche mal assurée, par la Saint-Mark street... C'était le 2 mars 1917. Ce mince événement ne pouvait en rien modifier les plans de la classe dirigeante. La guerre devait être « inévitable » et les pacifistes devaient la soutenir.

Une des premières personnes que nous rencontrâmes à New-York fut Boukharine, qui avait été récemment expulsé de Scandinavie. Boukharine nous connaissait, ma famille et moi, depuis notre séjour à Vienne, et nous accueillit avec les transports puérils qui le caractérisent. Bien que nous fussions fatigués et qu'il fût tard, il nous emmena dès le premier jour, ma femme et moi, voir la bibliothèque publique.

Du jour où nous commençâmes à travailler ensemble, à New-York, il faut dater l'attachement, sans cesse croissant, que me montra Boukharine et qui, en 1923, arriva à l'extrême contraire. Il est dans la nature de cet homme de s'appuyer toujours sur quelqu'un, d'être toujours en fonctions auprès de quelqu'un, de coller à quelqu'un. En de telles périodes, Boukharine n'est plus qu'un médium par l'intermédiaire duquel parle et agit quelqu'un d'autre. Mais il ne faut pas perdre de vue ce médium : sinon, sans s'en apercevoir, il tombera sous l'influence opposée, comme d'autres glissent sous une auto, et il dira pis-que-pendre de son idole de la veille avec tout l'enthousiasme qu'il éprouvait quand il en faisait l'éloge. Je n'ai jamais pris trop au sérieux Boukharine, le livrant à lui-même, c'est-à-dire à d'autres. Il fut, après la mort de Lénine, le médium de Zinoviev, puis celui de Staline. Au moment où j'écris ceci, Boukharine passe par une nouvelle crise, et il est pénétré de nouveaux fluides que je ne connais pas.

En Amérique se trouvait aussi, à cette époque, Kollontaï. Elle voyageait beaucoup et je la rencontrais en somme assez rarement.

Pendant la guerre, elle évolua fortement vers la gauche et quitta les menchéviks pour se ranger parmi les plus avancés des bolchéviks. La connaissance qu'elle a de plusieurs langues étrangères et son tempérament firent d'elle une précieuse agitatrice. Ses vues théoriques restèrent toujours indéterminées. Durant la période de New-York, elle ne trouvait rien au monde de suffisamment révolutionnaire. Elle correspondait avec Lénine. Déformant les idées et les faits à travers le prisme de son « ultra-gauchisme » d'alors, elle informait Lénine sur ce qui se passait en Amérique, et, notamment, sur mon activité. Dans les lettres que lui a écrites son correspondant, on peut trouver des échos de ces informations sciemment défectueuses.

Dans la lutte que les épigones ont menée plus tard contre moi, ils ne manquèrent pas d'utiliser les jugements, de toute évidence erronés, que Lénine avait portés et dont il s'est dédit lui-même, par la parole et par les actes.

Rentrée en Russie, Kollontaï fit de l'opposition d'extrême-gauche, presque dès les premiers jours, non seulement contre moi, mais contre Lénine. Elle combattit âprement le « régime de Lénine et Trotsky », pour s'incliner ensuite, d'une façon touchante, devant le régime de Staline.

Le parti socialiste des Etats-Unis était, au point de vue idéologique, extrêmement en retard, même relativement au social-patriotisme européen. Cependant, le ton de hauteur de la presse américaine encore neutre, à l'égard de l'Europe « en démence », se retrouvait dans les jugements des socialistes du pays. Certains, comme Hillquit, n'auraient pas demandé mieux que de jouer le rôle de l'oncle socialiste d'Amérique qui arrive au bon moment en Europe pour réconcilier entre eux les partis de la IIe Internationale.

Je ne puis jusqu'à présent me rappeler sans en sourire les leaders du socialisme américain. Les immigrants qui avaient joué quelque rôle en Europe perdaient rapidement leur bagage de théorie dans l'agitation de la lutte menée pour réussir. Il existe aux Etats-Unis un grand nombre de médecins, d'avocats, de dentistes, d'ingénieurs, etc., qui réussissent parfaitement ou ne réussissent qu'à moitié, et qui partagent leurs précieux loisirs entre les concerts donnés par des célébrités européennes et le parti socialiste américain. Leur philosophie est faite de fragments et rognures des savantes idées qu'ils avaient acquises dans leur jeunesse d'étudiants. De plus, comme chacun d'eux a son auto, ils sont invariablement élus aux comités dirigeants, commissions et délégations du parti. Ce monde prétentieux met sa marque sur le socialisme américain. Wilson a eu sur lui infiniment plus d'autorité que Marx. En somme, ce ne sont là que des variétés de M. Babbitt qui ajoutait, à ses affaires commerciales de la semaine, de languissantes méditations dominicales sur l'avenir de l'humanité. Ces gens-là vivent en petits clans nationaux où la solidarité créée par les idées sert le plus souvent à dissimuler les relations d'affaires. Chaque clan a son leader qui est d'ordinaire le plus fortuné des Babbitts. Tous sont très tolérants à l'égard de n'importe quelles idées, pourvu que ces idées ne détruisent rien de leur autorité traditionnelle et ne menacent pas — dieu préserve ! — leur prospérité personnelle. Le plus Babbit de tous les Babbitts est Hillquit, idéal du leader socialiste pour les dentistes qui réussissent dans leurs affaires.

Il me suffit de prendre un premier contact avec ces gens-là pour qu'ils me détestassent ouvertement. Mes sentiments à leur égard, peut-être plus calmes, n'étaient certainement pas ceux de la sympathie. Nous appartenions à des mondes différents. A mes yeux ils étaient la partie la plus pourrie du monde contre lequel j'ai mené et mène la lutte.

Le vieux Eugène Debs se détachait nettement sur le fond de l'ancienne génération par un feu intérieur, inextinguible d'idéalisme socialiste. Sincère révolutionnaire, mais romantique et prédicant, pas du tout homme politique et leader, Debs tombait sous l'influence de gens qui valaient, sous tous les rapports, moins que lui. Le grand art de Hillquit fut de garder à son extrême flanc gauche Debs sans rompre son amitié d'affaires avec Gompers.

Personnellement, Debs produisait une impression captivante. Quand nous nous rencontrions, il m'étreignait et m'embrassait : il faut noter que ce vieil homme n'était pas du nombre des « secs ». Lorsque les Babbitts me déclarèrent le blocus, Debs refusa d'y participer ; il se borna à s'éloigner, avec chagrin.

J'étais entré dès les premiers jours dans la rédaction de *Novyi Mir*, quotidien russe auquel, outre Boukharine, collaboraient déjà Volodarsky, qu'assassinèrent plus tard des socialistes-révolutionnaires, aux environs de Pétrograd, et Tchoudnovsky qui fut blessé près de la capitale et tué ensuite en Ukraine. Ce journal devint le centre de la propagande révolutionnaire-internationaliste. Il y avait, dans toutes les fédérations nationales du parti socialiste, des ouvriers sachant le russe. Nombre de membres de la fédération russe parlaient l'anglais. Les idées de *Novyi Mir* pénétraient ainsi, largement, dans les milieux ouvriers américains. Les mandarins du socialisme officiel s'inquiétèrent. Dans les cénacles commencèrent de furieuses intrigues contre ce nouveau venu d'Europe, débarqué à peine de la veille, qui, sans rien connaître à la psychologie américaine, prétendait imposer ses méthodes fantaisistes aux travailleurs des Etats-Unis. La lutte prit une extrême violence. Dans la fédération russe, les Babbitts « expérimentés » et

« émérites » furent aussitôt refoulés. Dans la fédération allemande, le vieux Schlüter, rédacteur en chef de la *Volkszeitung*, émule de Hillquit, cédait de plus en plus de son influence au jeune rédacteur Lore qui marchait avec nous. Les Lettons étaient tout à fait des nôtres. La fédération finnoise se sentait portée vers nous. Nous pénétrions avec un succès croissant dans la puissante fédération juive, qui possédait un palais à quatorze étages, d'où se déversaient chaque jour deux cent mille exemplaires du journal *Vorwaerts*, imprégnés des relents d'un socialisme petit-bourgeois et sentimental, toujours disposé à commettre les pires trahisons. Dans la masse ouvrière purement américaine, les relations et l'influence du parti socialiste en général, et de notre aile gauche révolutionnaire en particulier, étaient moins étendues. Le journal anglais du parti, *The Call (L'Appel)* était rédigé dans un esprit de neutralité pacifiste sans aucun véritable fond. Nous décidâmes de commencer par mettre sur pied un hebdomadaire marxiste combatif. Les préparatifs étaient en pleine marche. Mais ils furent interrompus... par la révolution russe.

Le télégraphe s'était mystérieusement tu pendant deux ou trois jours : soudain survinrent les premières informations sur le coup d'Etat qui s'était produit à Pétrograd, informations confuses, chaotiques. La population ouvrière de New-York, composée de nombreuses races, fut toute saisie d'émotion. On voulait espérer, mais on n'osait pas. La presse américaine était bouleversée. De toutes parts arrivaient en vitesse à la rédaction de *Novyi Mir* des journalistes, interviewers, chroniqueurs, reporters. Pendant un certain temps notre journal fut le foyer de convergence de la presse new-yorkaise. Les rédactions et organisations socialistes nous donnaient des coups de téléphone d'une façon presque ininterrompue.

— Nous avons un télégramme d'après lequel un ministère Goutchkov-Milioukov aurait été formé. Qu'est-ce que cela signifie ?

— On dit qu'il y aura demain un ministère Milioukov-Kérensky.

— Tiens !

— Et ensuite ?

— Ensuite ? Ensuite, c'est nous...

— Oh ! oh !

Les mêmes propos furent tenus des dizaines de fois. Presque toujours on prenait ce que je disais pour une plaisanterie.

Dans une réunion restreinte de social-démocrates russes, composée uniquement de notables et de très honorables, je fis une conférence où je démontrai que le parti du prolétariat devait inévitablement s'emparer du pouvoir au deuxième stade de la révolution russe. L'effet produit fut à peu près celui d'une pierre jetée dans un marais peuplé de grenouilles infatuées et flegmatiques. Le docteur Ingerman ne manqua pas d'expliquer à l'assemblée que j'ignorais jusqu'aux quatre règles de l'arithmétique politique et qu'il était inutile de perdre même cinq minutes à réfuter mes élucubrations.

Les masses ouvrières considéraient tout autrement les perspectives de la révolution.

Des meetings extraordinaires par le nombre et l'ardeur des participants se tinrent dans tous les quartiers de New-York. Quand on apprit que le drapeau rouge flottait sur le Palais d'Hiver, des hurlements d'enthousiasme s'élevèrent de toutes parts. Non seulement les émigrés russes, mais leurs enfants, dont certains, déjà, ne savaient presque rien de leur langue maternelle, vinrent respirer dans ces assemblées les souffles ardents que nous envoyait la révolution.

Je ne faisais que de courtes apparitions chez moi. Cependant, notre vie de famille avait aussi sa complexité. Ma femme installait le nid. Nos enfants trouvèrent de nouveaux amis. Le préféré entre tous était le chauffeur du docteur M. La femme de ce docteur, en compagnie de la mienne, menait les gamins à la promenade et se montrait, à leur égard, très caressante. Mais elle n'était qu'une simple mortelle, tandis que son chauffeur était un magicien, un titan, un surhomme. La machine obéissait à son moindre geste. Le plus grand bonheur était de se trouver assis à côté de lui. Lorsque l'on s'arrêtait devant une confiserie, nos garçons, froissés, harcelaient leur mère :

— Pourquoi le chauffeur ne vient-il pas avec nous ?

La faculté d'assimilation des enfants est incommensurable. A Vienne, où nous avions habité, le plus souvent, des quartiers ouvriers, mes fils parvinrent à posséder parfaitement, outre le russe et l'allemand, le dialecte viennois. Le docteur Alfred Adler observait avec une grande satisfaction qu'ils s'exprimaient dans ce dialecte aussi bien que n'importe quel bon vieux cocher de fiacre *(wie ein guter alter Wiener Fiakerkutscher)*. A l'école de Zurich, il fallut s'adapter au dialecte zurichois qui, dans les basses classes, est la langue de l'enseignement, le pur allemand étant professé comme langue étrangère. A Paris, il fallut passer brusquement à l'étude du français. Nos gamins parvinrent à posséder complètement cette langue en quelques mois. Je leur ai plus d'une fois envié la désinvolture avec laquelle ils parlaient français. En Espagne et sur le navire espagnol, ils passèrent moins d'un mois. Mais ce leur fut suffisant pour saisir les mots et expressions les plus courants. Enfin, à New-York, ils fréquentèrent, deux mois durant, une école américaine et parvinrent à posséder des éléments d'anglais. Après la révolution de février, ils continuèrent leurs études à Pétrograd. La vie des écoles était désorganisée. Les langues étrangères se volatilisèrent dans ces jeunes mémoires plus vite encore qu'elles ne s'y étaient fixées. Mais nos enfants parlaient le russe comme des étrangers. Nous observâmes bien des fois avec étonnement qu'ils construisaient une phrase russe comme une traduction mot à mot du français. Cependant, ils étaient déjà incapables de refaire la même phrase en français. C'est ainsi que, dans des cerveaux d'enfants, comme sur des palimpsestes, l'histoire de nos itinéraires d'émigration s'est trouvée inscrite.

Lorsque je téléphonai de la rédaction à ma femme qu'il y avait révolution à Pétersbourg, le cadet de nos garçons était couché, atteint de diphtérie. Il avait neuf ans. Mais il savait depuis longtemps et fort bien que la révolution, c'était l'amnistie, le retour en Russie et mille autres bonheurs. Il bondit et dansa sur son lit en l'honneur de la révolution. C'est ainsi que se décida sa guérison.

Nous avions hâte de prendre le premier bateau. Je courus les consulats, en quête de papiers et de visas. La veille du départ, le médecin autorisa notre petit convalescent à faire une promenade. Nous lui donnâmes une demi-heure, tandis que ma femme faisait les bagages. Que de fois déjà n'avait-elle pas procédé à cette opération ! Mais notre garçon ne rentrait pas. J'étais à la rédaction. Trois heures d'angoisses s'écoulèrent. Un coup de téléphone à notre logement. D'abord une voix d'homme, inconnue, puis la voix de notre petit Serge :

— C'est moi, ici !...

Ici, c'était un commissariat de police, à l'autre bout de New-York. Le garçon avait profité de sa première promenade pour résoudre une question qui le tourmentait depuis longtemps : existait-il effectivement une *première* rue ? Nous habitions, si je ne me trompe, la 164e. Mais l'enfant s'était trompé de chemin, avait questionné des passants, et on l'avait conduit au commissariat. Par bonheur, il s'était rappelé notre numéro de téléphone.

Lorsque ma femme, en compagnie de notre fils aîné, arriva, une heure plus tard, au commissariat, elle fut joyeusement accueillie, comme une invitée longuement attendue. Notre Serge, tout rouge, jouait aux dames avec des policiers. Pour dissimuler la confusion que lui causaient les prévenances excessives des fonctionnaires, il mastiquait avec application une noire gomme américaine, en compagnie de ses nouveaux amis.

Par compensation, il se souvient, jusqu'à ce jour, du numéro de téléphone que nous avions à New-York.

Ce serait une exagération criante que de dire que j'ai pris connaissance de cette ville. J'avais trop rapidement plongé dans les affaires du socialisme américain, et la tête la première. La révolution russe vint très vite. Je ne pus que saisir le rythme général de la vie du monstre qui s'appelle New-York. Je partis pour l'Europe dans l'état d'esprit de celui qui n'a jeté qu'un coup d'œil sur l'intérieur de la forge où se préparera l'avenir de l'humanité. Je me consolais en pensant que je reviendrais un jour par là. Et je n'ai pas encore renoncé à cette espérance.

CHAPITRE X

DANS UN CAMP DE CONCENTRATION

Le 25 mars, je me présentai au consulat général de Russie, à New-York : le portrait de Nicolas II avait déjà été enlevé des bureaux, mais l'atmosphère pesante qui y régnait était encore celle d'un vieux poste de police. Après les inévitables anicroches et contestations, le consul général prescrivit de me délivrer des papiers valables pour notre rentrée en Russie.

Au consulat de Grande-Bretagne, où je remplis des feuilles d'enquête, il me fut déclaré que les autorités anglaises ne mettraient aucun obstacle à mon passage.

Tout était donc en ordre.

Le 27 mars, j'embarquai avec ma famille et plusieurs compatriotes sur le vapeur norvégien *Christianiafjord.* On vint nous faire des adieux, on nous apporta des fleurs, on prononça des discours. Nous nous rendions au pays de la révolution. Nous avions des passeports et les visas nécessaires. Révolution, fleurs et visas s'accordaient harmonieusement dans nos âmes de nomades.

A Halifax (Canada), le vapeur devait subir la visite des autorités de la marine militaire britannique. Les officiers de cette police examinèrent les papiers des Américains, Norvégiens, Danois et autres simplement pour la forme ; mais nous, les Russes, fûmes soumis à un véritable interrogatoire : quelles étaient nos convictions ?... quels étaient nos plans politiques ?... etc. Je refusai d'entrer en conversation avec eux sur ce sujet. Mes pièces d'identité, voyez-les, mais n'en demandez pas davantage : la politique intérieure de la Russie ne se trouve pas, pour l'instant, sous le contrôle de la police maritime britannique.

Cela n'empêcha pas les officiers mouchards Mackan et Westwood, après une deuxième tentative d'interrogatoire tout aussi vaine, de prendre des renseignements sur moi parmi les autres passagers. Les détectives insistèrent sur ce point que je devais être « *a dangerous socialist* ».

Toute l'enquête eut un caractère tellement indécent et les révolutionnaires russes se trouvèrent placés dans une situation si exceptionnelle, en comparaison de ceux des autres passagers qui n'avaient pas la malchance d'appartenir à une nation alliée des Anglais, que certains d'entre nous expédièrent immédiatement une énergique protestation aux autorités supérieures contre les agissements de leurs policemen. Je m'abstins, jugeant inutile de me plaindre du diable à Belzébuth. A ce moment, nous n'avions cependant pas prévu la tournure qu'allaient prendre les événements.

Le 3 avril, des officiers anglais, escortés de matelots, montèrent à bord du *Christianiafjord* et, au nom de l'amiral commandant la place, nous intimèrent à moi et ma famille, ainsi qu'à cinq autres personnes, l'ordre de débarquer. Quant aux motifs de cette injonction, on nous promettait de tout « élucider » à Halifax. Nous déclarâmes illégales de telles exigences et refusâmes d'y obéir. Les matelots armés se jetèrent sur nous et, sous les huées d'un bon nombre de passagers qui leur criaient « *shame, shame !* » (« c'est une honte ») nous emportèrent à bras, nous mirent dans une vedette de la marine de guerre, qui, convoyée par un croiseur, nous amena à Halifax. Comme une dizaine de matelots me tenaient et portaient, mon fils aîné courut à mon secours et, frappant un officier de son petit poing, me cria :

— Faut-il le taper encore, papa ?

Il avait onze ans. Il venait de prendre sa première leçon sur la démocratie britannique.

La police laissa à Halifax ma femme et mes enfants. Les autres détenus furent expédiés par chemin de fer au camp de Amherst où l'on gardait des prisonniers allemands. Là, dans la salle d'admission, nous subîmes une fouille telle que je n'avais rien connu de pareil, même lorsque je fus incarcéré à la forteresse Pierre-et-Paul. En effet, dans la prison du tsar, si l'on vous obligeait à vous mettre nu, si des gendarmes vous tâtaient le corps, c'était fait discrètement ; à Amherst, chez ces démocrates nos alliés, on nous soumit à ces outrages éhontés en présence d'une dizaine de personnes. Je me rappellerai toujours le sergent Olsen, d'espèce suédo-canadienne, une tête rousse de criminel et d'argousin, qui joua le principal rôle dans l'affaire. Les canailles qui, de loin, en avaient ainsi disposé, savaient parfaitement que nous étions d'irréprochables révolutionnaires russes qui rentraient dans leur pays délivré par la révolution.

C'est seulement le lendemain matin que le commandant du camp, le colonel Morris, en réponse à nos incessantes réclamations et protestations, nous communiqua officiellement le motif de notre arrestation.

— Vous êtes dangereux pour le gouvernement russe actuel, nous dit-il laconiquement.

Le colonel n'était pas éloquent et, de plus, sa face avait un air plutôt émoustillé dès cette heure matinale.

— Mais enfin, les représentants du gouvernement russe à New-York, nous ont délivré des documents pour le passage en Russie et, de plus, il faut laisser au dit gouvernement russe le soin de se défendre lui-même...

Le colonel Morris réfléchit, mâchonna et ajouta :

— Vous êtes dangereux pour les Alliés en général...

Aucun mandat d'arrêt ne nous fut signifié. Le colonel, en son nom personnel, dit encore que, comme émigrés politiques qui, de toute évidence, avaient eu des raisons de quitter leur pays, nous n'avions pas à nous étonner de ce qui nous arrivait. La révolution russe n'existait pas pour cet homme. Nous essayâmes de lui expliquer que les ministres du tsar, qui avaient fait de nous des émigrés politiques, étaient maintenant emprisonnés eux-mêmes, sauf quelques-uns qui avaient pu émigrer à leur tour. C'était trop difficile à comprendre pour ce monsieur le colonel qui avait fait sa carrière dans les colonies anglaises et dans la guerre contre les Boers. Comme je n'avais pas mis dans l'entretien toute la déférence désirable, il grogna derrière moi :

— Ah ! si celui-là m'était tombé entre les pattes, sur la côte sud-africaine...

C'était son dicton favori.

Ma femme, légalement, n'était pas une émigrée politique puisqu'elle était partie pour l'étranger avec un passeport en règle. Néanmoins, elle se trouva arrêtée avec nos deux petits garçons, l'un de onze ans, l'autre de neuf. Je n'exagère pas en disant que les enfants furent arrêtés. Au début, les autorités canadiennes essayèrent de les séparer de leur mère et de les placer dans un asile. Bouleversée, ma femme déclara qu'elle ne permettrait jamais de la séparer d'eux. C'est seulement à la suite de sa protestation qu'elle fut logée avec eux chez un agent de police anglo-russe qui, pour parer à l'expédition « illégale » de lettres ou de télégrammes, leur interdisait de sortir, même sans leur mère, autrement que sous une surveillance. C'est seulement onze jours plus tard que ma femme et mes enfants furent transférés dans un hôtel ; il leur était enjoint de faire chaque jour acte de présence à la police.

Le camp militaire de Amherst était établi dans une vieille fonderie, négligée au dernier degré, appartenant à un Allemand et mise sous séquestre. Les planches de couchage étaient disposées à trois étages et sur deux rangées en profondeur des deux côtés du local. Huit cents hommes vivaient dans ces conditions. Il n'est pas difficile d'imaginer quelle était l'atmosphère de ce dortoir pendant la nuit. Les gens s'entassaient sans rémission dans les couloirs, se bousculaient à coups de coudes, se couchaient, se levaient, jouaient aux cartes ou aux échecs. Un bon nombre bricolaient, quelques-uns faisant preuve d'un art extraordinaire. Il me reste jusqu'à présent, à Moscou, des objets fabriqués par des prisonniers de Amherst. Parmi les détenus, en dépit des efforts héroïques qu'ils faisaient pour garder leur santé physique et morale, il y avait cinq déments. Nous dormions et mangions avec ces fous, étant tous logés ensemble.

Sur huit cents prisonniers, en la compagnie desquels j'ai passé presque un mois, il y avait environ cinq cents matelots provenant de navires de guerre allemands coulés par les Anglais, environ deux cents ouvriers que la guerre avait surpris au Canada et une centaine d'officiers ou de civils appartenant à la bourgeoisie.

Nos rapports avec les camarades allemands devinrent de plus en plus clairs à mesure qu'ils comprirent que nous avions été arrêtés comme révolutionnaires et socialistes. Les officiers et principaux sous-officiers, qui vivaient à l'écart, séparés de nous par une cloison de planches, nous considérèrent aussitôt comme des ennemis. Mais les hommes du rang nous entouraient de plus en plus de leurs sympathies. Ce mois de résidence dans un camp fut comme un meeting ininterrompu. Je parlais aux prisonniers de la révolution russe, de Liebknecht, de Lénine, des causes de la faillite de la vieille Internationale, de l'intervention des Etats-Unis dans la guerre. Nous fîmes des conférences ; en outre, il y eut constamment des causeries de groupes. Nos amitiés se resserraient de jour en jour.

Quant à l'état d'esprit, la masse des prisonniers se divisait en deux catégories. Les uns disaient : « Non, c'est assez, il faut en finir une bonne fois ». Et ils méditaient de descendre dans la rue et sur les places publiques. D'autres disaient : « Pourquoi s'occupent-ils de moi ? Non, je ne me laisserai plus faire... »

— Mais comment t'en sortiras-tu ? demandaient d'autres.

L'ouvrier mineur Babinski, un haut Silésien aux yeux bleus, disait :

— Je m'établirai avec ma femme et mes enfants au fond d'une forêt, j'arrangerai tout autour de chez nous des pièges à loups, je ne sortirai pas sans mon fusil. Et qu'on n'essaie pas d'approcher !

— Et moi, tu ne me laisseras pas entrer, Babinski ?

— Pas plus toi qu'un autre. Je n'ai confiance en personne.

Les matelots faisaient tout pour m'alléger l'existence et c'est seulement par des protestations réitérées que je défendis mon droit à prendre mon rang comme tout le monde dans la queue qui se présentait à la cantine et à participer aux corvées générales de balayage, d'épluchage des pommes de terre, de lavage de vaisselle et de nettoyage des lieux d'aisances.

Les rapports entre les hommes du rang, — la masse, — et les officiers, dont certains, quoique prisonniers, dressaient des fiches sur la conduite de « leurs » matelots, étaient tout d'hostilité.

Finalement, les officiers portèrent plainte devant le chef du camp, le colonel Morris, lui signalant ma propagande antipatriotique. Le haut gradé de l'armée anglaise prit immédiatement le parti des patriotes fidèles aux Hohenzollern et m'interdit de continuer à parler en public. Cette prohibition ne me fut signifiée d'ailleurs que vers la fin de notre séjour au camp et ne put que nous lier plus étroitement avec les matelots et les ouvriers qui répliquèrent à l'interdiction du colonel par une protestation écrite et couverte de cinq cent trente signatures. Un plébiscite de cette sorte, réalisé sous la lourde main du sergent Olsen, me donna complète satisfaction pour tous les désagréments que j'ai éprouvés dans le camp d'Amherst.

Pendant toute la durée de notre séjour en cet endroit, les autorités nous dénièrent obstinément le droit de correspondre avec le gouvernement russe. Les télégrammes que nous destinions à Pétrograd n'étaient pas expédiés. Nous essayâmes de nous plaindre de cette interdiction à Lloyd George qui était alors premier ministre. Mais cette dépêche ne fut pas plus transmise que les autres. Le colonel Morris avait pris dans les colonies l'habitude de simplifier l'*habeas corpus*. De plus, il était couvert par la guerre.

Avant de m'autoriser à avoir une entrevue avec ma femme, il posa comme condition que je ne lui donnerais aucune commission à l'adresse du consul de Russie. Cela peut sembler invraisemblable, mais c'est un fait. Je refusai l'entrevue. Bien entendu, le consul ne se hâtait pas du tout de nous venir en aide. Il attendait des instructions, qui n'arrivaient pas, sans doute...

Il faut dire que le mécanisme qui joua dans les coulisses pour notre arrestation et notre élargissement n'est pas encore tout à fait clair à mes yeux. Le gouvernement anglais avait dû inscrire mon nom sur ses listes noires, probablement dès l'époque où je militais en France. Il avait aidé par tous les moyens le gouvernement tsariste à me faire expulser d'Europe. C'est évidemment en considération de ces listes noires, avec l'appoint des renseignements reçus sur mon activité antipatriotique aux Etats-Unis, que les autorités anglaises m'arrêtèrent à Halifax.

Lorsque la nouvelle de notre arrestation parvint à la presse russe révolutionnaire, l'ambassade de Grande-Bretagne en Russie, n'ayant sans doute pas l'inquiétude de me voir rentrer de sitôt dans mon pays, envoya aux journaux de Pétrograd des communiqués officiels disant que les Russes arrêtés au Canada faisaient route « avec des subsides fournis par l'ambassade d'Allemagne, dans le dessein de renverser le gouvernement provisoire ». Cela, du moins, n'était pas équivoque.

La *Pravda* que dirigeait Lénine, sans aucun doute par la plume de Lénine lui-même, répondit à Buchanan le 16 avril :

« Peut-on croire une seule minute à la bonne foi d'un informateur selon lequel Trotsky, ancien président du soviet des députés ouvriers de Pétersbourg en 1905, révolutionnaire qui s'est consacré pendant des dizaines d'années au service désintéressé de la révolution, ait été capable de se lier avec un plan subventionné par le gouvernement allemand ? C'est, en effet, une calomnie évidente, inouïe, impudente, à l'adresse d'un révolutionnaire. De qui avez-vous reçu ce renseignement, M. Buchanan ? Pourquoi ne le diriez-vous pas ?... Six hommes ont traîné par les bras et par les jambes le camarade Trotsky, — tout cela au nom de votre amitié pour le gouvernement provisoire ! »

Quel fut, effectivement, dans toute cette affaire, le rôle du gouvernement provisoire ? C'est moins clair.

Il est inutile de démontrer que Milioukov, alors ministre des Affaires étrangères, était partisan de mon arrestation, de toute son âme. Dès 1905, il avait combattu rageusement le « trotskysme ». Le mot est de lui. Mais, en 1917, Milioukov dépendait des soviets et devait manœuvrer avec d'autant plus de prudence que ses alliés social-patriotes ne s'étaient pas encore engagés dans la persécution des bolchéviks.

Dans ses mémoires l'ambassadeur de Grande-Bretagne Buchanan représente les choses ainsi : « Trotsky et d'autres furent arrêtés à Halifax en attendant que l'on sût les intentions du gouvernement provisoire à leur égard. » Milioukov, selon Buchanan, aurait été immédiatement informé de notre arrestation. Dès le 8 avril, l'ambassadeur de Grande-Bretagne aurait transmis à son gouvernement une requête de Milioukov concernant notre élargissement. Mais, deux jours après, Milioukov retirait sa demande et exprimait l'espoir que nous serions retenus plus longtemps à Halifax.

« Ainsi, déclare Buchanan, c'est précisément le gouvernement provisoire qui est responsable de la détention prolongée qu'ils ont subie ».

Tout cela est assez pareil à la vérité. Buchanan oublie seulement d'expliquer dans ses mémoires ce qu'il advint des subsides à moi accordés par les Allemands pour que je renversasse le gouvernement provisoire. Et ce n'est pas étonnant : mis au pied du mur par moi, dès que j'arrivai à Pétrograd, Buchanan se vit forcé de déclarer dans la presse qu'il ne savait absolument rien des prétendus subsides allemands.

Jamais on n'a autant menti qu'à l'époque de la « grande guerre émancipatrice ». Si le mensonge était un explosif, il ne serait resté de notre planète que des poussières bien longtemps avant le traité de Versailles.

A la fin des fins, le soviet intervint et Milioukov dut céder. C'est le 29 avril que l'on nous relâcha du camp de concentration. Encore une fois, cependant, en cette occasion, on usa de violence. On nous ordonna simplement de faire nos paquets et de partir sous escorte. Nous demandâmes à savoir où l'on nous envoyait et dans quel but. On refusa de nous répondre. Les prisonniers s'agitèrent, pensant qu'on allait nous enfermer dans une forteresse. Nous réclamâmes l'assistance du consul de Russie le plus proche. Nouveau refus. Nous avions assez de raisons pour ne pas croire aux bonnes intentions de ces messieurs les coureurs de haute mer. Nous déclarâmes que nous ne partirions pas de notre gré tant qu'on ne nous aurait pas indiqué le but du voyage. Le commandant ordonna d'employer la force. Les soldats qui devaient nous convoyer emportèrent nos bagages. Nous nous entêtâmes à rester couchés sur nos planches. L'escorte se vit alors dans la nécessité de nous emporter, de même que l'on nous avait enlevés du bateau un mois auparavant ; mais, cette fois-ci, il fallait traverser une foule de matelots allemands très excités... Le commandant céda : dans son style à lui, qui était d'un colonial anglais, il nous déclara qu'il allait nous embarquer sur un navire danois, pour expédition en Russie. Sa face cramoisie était secouée de mouvements convulsifs. Il ne pouvait pas du tout se faire à cette idée que nous allions lui échapper. Ah ! si nous lui étions tombés entre les pattes sur la côte sud-africaine !...

Lorsque l'on nous fit sortir du camp, nos camarades de détention nous firent des adieux solennels. Les officiers s'étaient renfermés dans leurs compartiments et quelques-uns seulement d'entre eux mirent le nez à des fissures de la cloison. Mais les matelots et les ouvriers s'étaient rangés en deux files, sur toute la longueur du passage, un orchestre fabriqué avec les moyens dont on disposait sur place joua une marche révolutionnaire, des mains amies se tendirent vers nous de toutes parts. Un des prisonniers prononça un bref discours : salut à la révolution russe, malédiction pour la monarchie allemande. Je me souviens jusqu'à présent du sentiment chaleureux de cette fraternisation, en pleine guerre, entre les matelots allemands de Amherst et nous. Depuis, bon nombre d'entre eux m'ont envoyé d'Allemagne des lettres amicales.

Rencontrant l'officier de gendarmerie britannique Macken qui nous avait arrêtés et qui vint constater notre départ, je lui dis, en manière de menace, en le quittant, que, pour commencer, j'interpellerais à l'Assemblée constituante le ministre des Affaires étrangères Milioukov sur les sévices commis par la police anglo-canadienne à l'égard des citoyens russes.

Le gendarme trouva le mot qu'il fallait :

— J'espère, dit-il, que vous ne serez pas de l'Assemblée constituante...

CHAPITRE XI

A PÉTROGRAD

Le voyage, de Halifax à Pétrograd, ne nous laissa pas plus d'impressions que l'on n'en a dans un tunnel. Nous étions bien en effet dans le tunnel qui menait à la révolution. Je me rappelle seulement qu'en Suède il y avait des cartes de pain : c'était la première fois que j'en voyais.

En Finlande, en wagon, je me trouvai face à face avec Vandervelde et de Man qui se rendaient aussi à Pétrograd.

— Nous reconnaissez-vous ? me dit de Man.

— Oh ! oui, lui répondis-je, quoique les gens aient bien changé depuis la guerre.

Sur cette réplique dépourvue d'urbanité, la conversation s'arrêta.

De Man, dans sa jeunesse, avait essayé d'être marxiste et avait même attaqué assez heureusement Vandervelde. Pendant la guerre, il renonça, en politicien, aux innocentes folies de sa jeunesse ; après la guerre, il y renonça même dans la théorie. Il ne fut plus qu'un agent de son gouvernement.

Quant à Vandervelde, il était le plus insignifiant dans le groupe dirigeant de l'Internationale. Il n'en était le président que parce qu'il avait été impossible d'élire un Allemand ou un Français. Comme théoricien, Vandervelde n'était qu'un compilateur. A l'égard des courants idéologiques du socialisme, il louvoyait de même que le gouvernement de son pays manœuvrait devant les grandes puissances. Il n'eut jamais aucune autorité sur les marxistes russes. Comme orateur, Vandervelde ne s'est pas élevé au-dessus d'une brillante médiocrité. Pendant la guerre, il échangea son poste de président de l'Internationale contre celui de ministre du roi. Je lui fis une guerre implacable dans mon journal de Paris. En réponse à cela, Vandervelde invitait les révolutionnaires russes à se réconcilier avec le tsarisme. Et il se rendait, maintenant, à Pétrograd pour engager la révolution russe à prendre la place du tsarisme dans la colonne des Alliés. Nous n'avions pas un mot à nous dire.

A Biéloostrov, nous fûmes accueillis par une délégation des internationalistes *unifiés* et du comité central des bolchéviks. Les menchéviks, même « internationalistes », (Martov et autres) n'étaient représentés par personne.

J'embrassai mon vieil ami Ouritsky que j'avais rencontré pour la première fois en Sibérie, au début de ce siècle. Ouritsky avait constamment collaboré, de Scandinavie, à *Naché Slovo* que nous éditions à Paris et avait assuré la liaison entre nous et la Russie pendant la guerre. Un an après cette rencontre, il fut assassiné par une jeune socialiste-révolutionnaire.

Dans cette délégation, je vis pour la première fois Karakhan qui devait, dans la suite se faire une réputation comme diplomate des soviets. Les bolchéviks étaient représentés par Fédorov, ouvrier des métaux, qui devint bientôt président de la section ouvrière du soviet de Pétrograd.

Avant même d'arriver à Biéloostrov, je sus, par un journal russe tout récemment paru, que Tchernov, Tsérételli et Skobélev étaient entrés dans le cabinet de coalition du gouvernement provisoire. Du coup, l'on vit clairement comment se situaient les groupes politiques. Dès le premier jour, il allait falloir combattre sans merci, avec les bolchéviks, les menchéviks et les populistes.

A Pétrograd, gare de Finlande, une grande réception nous était réservée. Ouritsky et Fédorov prononcèrent des discours. Je répondis en parlant de la nécessité de préparer une autre révolution, qui, cette fois-ci, serait la nôtre. Lorsque, soudain, l'on m'enleva à bout de bras, je me rappelai immédiatement Halifax, où je m'étais trouvé dans la même situation. Mais, maintenant, c'étaient des mains amies qui me soulevaient. Nous étions entourés d'une quantité de drapeaux. J'aperçus le visage empreint d'émotion de ma femme, les faces pâles et inquiètes de mes garçons qui se demandaient si c'était en bien ou en mal qu'on me portait ainsi : la révolution les avait déçus une première fois.

En arrière, au bout du quai, je remarquai Vandervelde et de Man. Ils avaient fait exprès de se laisser distancer, ne risquant pas, évidemment, de se mêler à la foule. Les nouveaux ministres socialistes russes n'avaient ménagé à leur collègue belge aucune réception. Ils se souvenaient trop bien du rôle joué, la veille encore, par Vandervelde.

Aussitôt après la gare, ce fut pour moi un tourbillon dans lequel gens et épisodes passèrent comme des copeaux dans un torrent. Les plus grands événements sont les plus pauvres en souvenirs personnels : c'est ainsi que la mémoire se garde contre une surcharge. Il me semble que je me rendis aussitôt à la séance du comité exécutif. Tchkhéidzé, président inamovible de l'époque, me salua sèchement. Les bolchéviks proposèrent de m'inscrire parmi les membres du comité exécutif, en qualité d'ancien président du soviet de 1905. Il y eut une certaine confusion. Les menchéviks chuchotaient avec les populistes. Ils constituaient encore, en cette période, l'écrasante majorité dans toutes les institutions révolutionnaires. Il fut décidé de m'admettre avec voix consultative. Je reçus ma carte de membre du comité avec un verre de thé et un morceau de pain noir.

Non seulement mes enfants, mais ma femme et moi éprouvions un étonnement à entendre parler russe dans les rues de Pétrograd, à voir les enseignes et affiches écrites en russe. Il y avait dix ans que nous avions quitté la capitale, et, à cette époque, mon fils aîné avait tout juste un peu plus d'un an ; le cadet était né à Vienne.

Les effectifs de la garnison étaient formidables, mais déjà tout à fait inconsistants. Les soldats passaient en chantant des chansons révolutionnaires, portant des rubans rouges sur la poitrine. Cela semblait invraisemblable comme un rêve. Les tramways aussi étaient bondés de soldats. Dans certaines grandes avenues, on faisait encore l'exercice : les tirailleurs se couchaient, s'élançaient en ligne, se recouchaient. Derrière la révolution se dressait encore, de sa taille géante, le monstre de la guerre, projetant son ombre. Mais les masses ne croyaient déjà plus à la continuation des hostilités et il semblait que cet apprentissage du métier des armes se poursuivît simplement parce qu'on avait oublié de le décommander. La guerre était devenue impossible. C'est ce que ne parvenaient pas à comprendre non seulement les cadets mais les leaders de ce qu'on appelait « la démocratie révolutionnaire ». Ils avaient une peur terrible de lâcher la jupe de l'Entente.

Je connaissais peu Tsérételli et pas du tout Kérensky ; je connaissais mieux Tchkhéidzé ; Skobélev avait été mon élève ; j'avais combattu plus d'une fois Tchernov dans des conférences contradictoires à l'étranger ; je voyais Gotz pour la première fois. Et c'était là le groupe soviétiste dirigeant de la démocratie.

Tsérételli les dépassait évidemment de toute la tête. Je l'avais rencontré déjà au congrès de Londres de 1907, où il représenta la fraction social-démocrate de la IIe Douma. Dès ce temps, en ses jeunes années, il était bon orateur, et pourvu d'un fonds moral très attachant. Les années de bagne qu'il vécut accrurent son autorité politique. Il rentra dans l'arène de la révolution en pleine maturité et prit immédiatement la première place parmi ceux qui pensaient comme lui ou qui étaient de ses alliés. Parmi nos adversaires, il était le seul que l'on pût prendre au sérieux. Mais, comme cela s'est fréquemment produit en histoire, il fallut la révolution pour démontrer que Tsérételli n'était pas un révolutionnaire. Celui qui ne voulait pas se perdre dans l'enchevêtrement des faits devait considérer la révolution russe non pas du point de vue seulement russe, mais dans sa perspective mondiale. Or, Tsérételli l'aborda uniquement d'après l'expérience de la Géorgie, complétée par ce que lui avait appris la IIe Douma d'empire. Ses vues en politique se révélèrent terriblement étriquées ; son instruction apparut toute superficiellement littéraire. Il éprouvait une profonde déférence pour le libéralisme. Il envisageait l'inexorable dynamique de la révolution avec les yeux d'un bourgeois à demi instruit qui tremble pour la civilisation. De plus en plus, la masse qui s'éveillait lui paraissait être une populace en révolte. Dès les premiers mots échangés, il fut clair que c'était pour nous un ennemi. Lénine a dit de lui qu'il était « obtus ». C'était raide, mais juste. Tsérételli avait les dons et l'honnêteté d'un esprit borné.

De Kérensky, Lénine a dit que c'était un « petit fanfaron ». A cela, il y a peu de chose à ajouter. Kérensky était et est resté une figure fortuitement introduite dans l'histoire, un favori du moment. Toute puissante marée nouvelle de la révolution, entraînant des masses vierges qui n'ont pas encore de discernement, porte nécessairement très haut de ces héros d'une heure qui sont immédiatement éblouis de leur propre éclat. Kérensky était de la succession de Gapone et de Khroustalev. Il personnifiait l'accidentel dans la loi de l'histoire. Ses meilleurs discours ont valu ce que pourrait valoir de l'eau richement pilée dans un mortier. En 1917, cette eau était bouillante et donnait de la vapeur. Cela put faire une auréole.

Skobélev entra dans la politique à Vienne, où il était étudiant, et débuta sous ma direction. De la rédaction de la *Pravda* de Vienne, il rentra chez lui, au Caucase, pour tenter de se faire élire député à la IVe Douma. Il y réussit.

Parlementaire, il tomba sous l'influence des menchéviks et c'est avec eux qu'il entra dans la révolution de février. Notre liaison était depuis longtemps rompue. Je le retrouvai à Pétrograd tout frais émoulu ministre du Travail. Il s'approcha de moi avec désinvolture, au comité exécutif, et me demanda ce que j'*en* pensais. Je lui répondis :

— Je pense que nous vous aurons bientôt réglé votre compte.

Il n'y a pas si longtemps, Skobélev, en riant, me rappelait cette amicale prédiction qui se réalisa six mois plus tard.

A assez bref délai après la victoire d'Octobre, Skobélev se déclara bolchévik. Lénine et moi étions d'avis de ne pas l'admettre au parti. Maintenant, il est, bien entendu, stalinisme. Sous ce rapport, tout est dans l'ordre.

Ma femme, mes enfants et moi nous étions logés dans je ne sais quels « Kievskié Noméra » ; nous n'avions qu'une chambre et nous avions eu du mal à l'obtenir.

Le lendemain de notre installation, un officier se présenta à nous dans tout l'éclat de son uniforme.

— Vous ne me reconnaissez pas ?

Non, je ne le reconnaissais pas.

— Loguinov...

Alors, sous le brillant extérieur de cet officier, me revint en mémoire un jeune serrurier que j'avais connu en 1905. Il avait fait partie d'une compagnie ouvrière de combat, s'était battu, en embuscade derrière des bornes, contre les agents de police, et m'était attaché avec toute l'ardeur d'une jeune affection. Après 1905, je l'avais perdu de vue.

Maintenant seulement, en 1917, j'apprenais de lui qu'en réalité il n'avait jamais été le prolétaire Loguinov, que son vrai nom était Sérébrovsky, ancien étudiant technologue, d'une riche famille, mais qui, en ses jeunes années, s'était bien adapté aux milieux ouvriers. Durant la période de la réaction, il était devenu ingénieur, s'était depuis longtemps tenu à l'écart de la révolution et, pendant la guerre, avait été nommé, par le gouvernement, directeur de deux des plus grandes usines de Pétrograd.

La révolution de février avait réveillé en lui certains sentiments, il s'était souvenu du passé. Il avait appris mon retour par les journaux. Et voici qu'il était là, devant moi, et qu'il me demandait, avec une chaleureuse insistance, de venir avec ma famille loger chez lui, et tout de suite.

Après avoir hésité, nous acceptâmes.

Sérébrovsky avait un immense et riche appartement de directeur où il vivait seul avec sa jeune femme. Ils n'avaient pas d'enfants.

Tout avait été préparé d'avance. Dans cette ville à demi affamée et délabrée, nous nous trouvâmes comme en paradis.

Mais l'affaire se gâta lorsque la conversation porta sur la politique. Sérébrovsky était un patriote. Comme nous le découvrîmes plus tard, il avait une haine profonde pour les bolchéviks et il considérait Lénine comme un agent de l'Allemagne.

Dès les premiers mots, ayant trouvé de la résistance, il devint, à vrai dire, plus circonspect. Mais il nous était impossible de faire vie commune avec lui. Nous quittâmes l'appartement de ces hôtes accueillants, auxquels rien ne nous liait et nous reprîmes notre chambre des « Kievskié Noméra ». Après cela, Sérébrovsky attira encore une fois chez lui nos garçons. Il les régala de thé avec des confitures, et nos gamins, par gratitude, lui parlèrent du dernier discours que Lénine avait prononcé dans un meeting. Ils en étaient tout rouges, ils étaient contents de causer et de manger des confitures.

— Mais Lénine est un espion allemand, leur dit le maître de maison.

Quoi ? comment ?... Ces mots avaient été prononcés ? Nos garçons laissèrent là le thé avec les confitures. Ils sautèrent sur leurs jambes et l'aîné s'écria :

— Eh bien, ça, c'est une cochonnerie !

Il n'avait pas trouvé dans son vocabulaire de mot qui convînt mieux à la situation.

Ce fut alors le tour du maître de maison de se sentir vexé. Nos relations s'arrêtèrent à ce point.

Après notre victoire d'Octobre, j'employai Sérébrovsky dans un établissement des soviets. Comme beaucoup d'autres du service des soviets, il passa au parti. Actuellement, il est membre du comité central du parti de Staline, il est une des colonnes du régime. Si, en 1905, il a pu se faire passer pour prolétaire, il lui est maintenant infiniment plus facile de se faire passer pour un bolchévik.

Après les journées de juillet, dont il sera parlé plus loin, les calomnies lancées contre les bolchéviks inondèrent les rues de la capitale. Je fus arrêté par le gouvernement de Kérensky et deux mois après mon retour de l'émigration, je me retrouvai dans la prison de « Kresty » que je connaissais bien. Le colonel Morris, chef du camp d'Amherst dut lire avec plaisir cette nouvelle dans son journal du matin, et il ne fut pas seul, sans doute, à éprouver ce sentiment. Mais nos garçons étaient mécontents.

— Qu'est-ce que c'est que cette révolution, disaient-ils, d'un ton de reproche à leur mère, si on enferme papa tantôt dans un camp de concentration, tantôt en prison ?

Leur mère était d'accord avec eux, leur disant que ce n'était pas encore la vraie révolution. Mais des gouttes amères de scepticisme s'infiltraient en eux.

Lorsque je fus sorti de la prison de la « démocratie révolutionnaire », nous nous installâmes dans un petit logement que louait la veuve d'un journaliste libéral, dans une grande maison bourgeoise. La préparation du coup d'État d'Octobre battait son plein. Je devins président du soviet de Pétrograd. Mon nom était décliné de toutes les façons dans la presse. Dans l'immeuble que nous habitions, nous étions de plus en plus cernés par une muraille d'hostilité et de haine. Notre cuisinière, Anna Ossipovna, devait subir les attaques des ménagères lorsqu'elle se rendait au comité domiciliaire pour chercher du pain. Mon fils était persécuté à l'école, où on l'appelait, faisant allusion à son père, « le président ». Lorsque ma femme revenait du syndicat des menuisiers-ébénistes où elle avait un emploi, le portier principal l'accompagnait d'un regard haineux. C'était un supplice que de monter l'escalier. De plus en plus souvent, notre logeuse téléphonait pour savoir si ses meubles n'avaient pas été mis au pillage. Nous aurions voulu changer de local, mais où aller ? Il n'y avait pas un local vacant en ville. La situation devenait de plus en plus intolérable.

Mais voici qu'un beau jour, — un beau jour vraiment, — ce blocus cessa, comme si quelqu'un était venu l'enlever du revers de la main. Le portier principal, au retour de ma femme, lui adressa le salut auquel n'avaient droit que les plus influents parmi les locataires. Au comité domiciliaire, le pain fut délivré sans retards et sans menaces. Personne ne nous fermait plus la porte au nez, en la faisant claquer.

Qui donc était parvenu à ce résultat ? Quel magicien ?

Ce fut l'œuvre de Nikolaï Markine. Il faut parler de lui, car c'est grâce à lui, grâce à une collectivité de Markines, que la révolution d'Octobre a triomphé.

Markine était un matelot de la Baltique, canonnier et bolchévik. Il ne se montra pas du premier coup tel qu'il était. Il n'était pas du tout dans son caractère de parader. Il n'était pas orateur, il avait l'élocution difficile. En outre, il était timide et renfermé, comme quelqu'un dont la force intérieure a subi un refoulement. Markine était fait d'un seul morceau, et d'un bon « matériau ». Je ne savais rien encore de son existence qu'il avait déjà pris sur lui souci de ma famille. Il avait fait connaissance avec nos garçons, leur avait offert, à l'Institut Smolny, du thé et des *butterbrots* ; plus généralement, il leur avait dispensé les petites joies dont ce temps rigoureux était si avare. Sans en avoir l'air, il venait voir si tout marchait bien chez nous. Je ne soupçonnais pas son existence. Par nos garçons, par Anna Ossipovna, il sut que nous vivions dans un camp ennemi.

Il vint jeter un coup d'œil chez le portier principal et au comité domiciliaire ; je crois qu'il ne vint pas seul, mais avec un groupe de matelots. Il dut trouver des mots très persuasifs, car tout changea brusquement autour de nous. C'est ainsi qu'avant Octobre, une dictature du prolétariat, pour ainsi dire, s'établit dans notre maison bourgeoise. Plus tard seulement, nous apprîmes que nous en étions redevables à un matelot de la Baltique, ami de nos enfants.

Le comité exécutif central qui nous était hostile, cherchant un appui auprès des propriétaires d'imprimeries, enleva au soviet de Pétrograd son journal dès que celui-ci devint bolchéviste. Il nous fallait créer un nouveau journal. Je fis appel à Markine. Il disparut, s'éclipsa complètement, visita les lieux où il y avait quelque chose à faire, causa avec des typos et, en quelques jours, notre journal put paraître. Nous l'appelâmes *Rabotchii i Soldat.* Markine se trouvait jour et nuit à la rédaction, arrangeant tout.

Pendant les journées d'Octobre, cette figure solidement bâtie, face basanée et morose, surgissait toujours aux endroits les plus dangereux et aux heures où l'on avait le plus besoin d'elle. Markine ne venait me voir que pour me dire que tout marchait bien et pour me demander si nous n'avions pas besoin de quelque chose. Son expérience grandissait : il établissait la dictature du prolétariat à Pétrograd.

Une certaine pègre entreprit d'attaquer les caves et entrepôts de spiritueux de la capitale et des palais, richement pourvus. Il y avait certainement quelqu'un pour diriger ce mouvement menaçant, pour tenter de brûler la révolution au feu de l'alcool. Markine flaira le danger et entra aussitôt en bataille. Il assura la protection des caves, et là où il ne pouvait mieux faire, il détruisit les dépôts. Chaussé de hautes bottes, il enfonçait jusqu'aux genoux dans un flot de vins fins qui dégoulinait du verre des bouteilles. Par les ruisseaux, le vin coulait, imprégnant la neige, vers la Néva. Des ivrognes le lampaient, à même les rigoles.

Markine, le revolver au poing, combattait pour la lucidité d'Octobre. Trempé jusqu'aux os, tout pénétré du bouquet des grands crus, il rentrait chez lui où l'attendaient, dans les affres, deux petits garçons. Markine repoussa l'offensive donnée au moyen de l'alcool par la contre-révolution.

Lorsque je fus chargé du ministère des Affaires étrangères, il sembla qu'il serait impossible d'aborder la tâche. Les anciens adjoints au ministre aussi bien que les dactylos participaient tous au sabotage. Les armoires étaient fermées. Les clefs manquaient. Je m'adressai à Markine qui connaissait le secret de l'action directe. Deux ou trois diplomates furent enfermés pendant vingt-quatre heures et, le lendemain, Markine, m'apportant les clefs, m'invita à me rendre au ministère. Mais j'étais retenu à l'Institut Smolny par des travaux d'une portée plus générale pour la révolution. Markine devint alors, provisoirement, le ministre des Affaires étrangères, sans en avoir le titre. Il débrouilla tout à sa manière dans le mécanisme du commissariat, procéda d'une main ferme à l'épuration, chassant les diplomates de haute lignée, les diplomates fripons, réorganisant la chancellerie. Il confisqua au profit des clochards de tout âge les objets que l'on recevait encore en contrebande, par les valises diplomatiques. Il fit une sélection parmi les plus édifiants documents secrets et publia ce qu'il avait choisi, sous sa responsabilité personnelle, avec des notes de lui, en brochures. Markine ne portait pas l'insigne académique et même n'écrivait pas sans quelques fautes. Ses annotations étaient parfois d'un imprévu surprenant. Mais, dans l'ensemble, Markine le diplomate plantait solidement ses clous et en bonne place. Le baron von Kühlmann et le comte Czernin, à Brest-Litovsk, se jetèrent avec avidité sur le papier jaune des brochures de Markine.

Ensuite commença la guerre civile. Markine bouchait les brèches, qui étaient nombreuses. Il s'occupa d'établir la dictature assez loin, dans l'Est. Il commandait une flottille sur le Volga et chassait l'ennemi. Lorsque j'apprenais qu'il se trouvait à un endroit plus particulièrement périlleux, je me sentais plus tranquille et comme réchauffé. Mais son heure sonna. Sur la Kama, une balle ennemie rejoignit Nikolaï Guéorguiévitch Markine et faucha ses solides jambes de marin. Lorsque je reçus la dépêche qui m'annonçait sa mort, ce fut comme si une colonne de granit s'écroulait devant moi.

Sur la petite table des enfants, il y avait son portrait. Il portait le béret, avec les rubans flottants.

— Garçons, garçons, Markine a été tué...

Devant moi, deux faces pâles, tendues par les crispations d'une douleur soudaine.

Avec nos enfants, Nikolaï traitait d'égal à égal. Il leur confiait ses desseins et les secrets de sa vie. A notre Sérioja, qui avait neuf ans, il avait raconté qu'une femme qu'il aimait depuis longtemps, et fortement, l'avait quitté et qu'à cause de cela il avait du noir et du sombre dans l'âme. Sérioja, d'un chuchotement effrayé, avec des larmes aussi, avait fait confidence de ce secret à sa mère.

Et ce tendre ami, qui avait ouvert, en égal, son âme à nos enfants, était également un vieux loup de mer et un révolutionnaire, un véritable héros, comme dans le plus merveilleux des contes. Etait-il possible qu'il fût mort, ce Markine qui, dans le sous-sol du ministère, nous avait appris à nous servir du revolver et de la carabine ? Deux petits corps frissonnèrent longtemps sous leurs couvertures, dans le calme de la nuit, lorsque la sinistre nouvelle nous fut parvenue. La mère, seule, entendit leurs sanglots d'inconsolables.

Ma vie était emportée dans le tourbillon des meetings. Lorsque j'arrivai à Pétersbourg, tous les orateurs que je rencontrai étaient enroués ou avaient perdu la voix. La révolution de 1905 m'avait appris à ménager mon gosier. C'est pourquoi je réussis à peu près à rester dans le rang. Meetings dans les usines, dans les écoles, dans les théâtres, dans les cirques, dans les rues, sur les places... Je rentrais exténué, après minuit, je trouvais, dans un demi-sommeil agité, les meilleurs arguments que j'aurais dû opposer à nos adversaires politiques, et, à sept heures du matin, parfois plus tôt, j'étais tiré de mon sommeil par des cognements odieux, intolérables, à ma porte : on venait me chercher pour un meeting à Peterhof ; des matelots de Cronstadt étaient venus me prendre, en bateau à moteur, pour m'emmener chez eux. Chaque fois, il me semblait que je ne serais pas en état de donner à cette nouvelle réunion l'élan voulu. Mais je ne sais quelles réserves du système nerveux se révélaient alors ; je parlais une heure, parfois deux, et, tandis que je parlais, j'étais étroitement entouré par des délégations venues de diverses usines, de divers quartiers. Il se trouvait qu'en trois, quatre ou cinq endroits, j'étais attendu par des milliers d'ouvriers, qui patientaient une et deux et trois heures. Que d'endurance mettait la masse réveillée à attendre, en ces jours-là, la parole nouvelle !

Les meetings qui se tenaient au cirque Moderne présentaient un intérêt particulier, non seulement pour moi, mais pour mes adversaires. Ceux-ci considéraient le cirque comme ma citadelle et n'essayèrent jamais d'y parler. En revanche, lorsque j'attaquais au soviet les conciliateurs, on m'interrompait souvent par des cris hostiles :

— Vous n'êtes pas ici au cirque Moderne !

Ce devint comme un refrain. D'ordinaire, au cirque, je prenais la parole le soir, quelquefois en pleine nuit. Mes auditeurs étaient des ouvriers, des soldats, de laborieuses mères de famille, des adolescents venus de la rue, les opprimés, les bas-fonds de la capitale. Il n'y avait pas place pour laisser tomber une épingle, les gens étaient entassés. De petits garçons étaient assis sur les épaules de leurs pères. Des nourrissons suçaient le sein maternel. Personne ne fumait. Les galeries supérieures menaçaient de s'effondrer sous la surcharge. Pour parvenir à la tribune, je devais passer par une étroite tranchée de corps, et parfois j'étais porté sur les bras. L'atmosphère, lourde de respirations et d'attente, éclatait en cris, en ces hurlements passionnés qui étaient dans la manière du cirque Moderne. Autour de moi, au-dessus de moi, des coudes étroitement serrés, des poitrines, des têtes... Je parlais comme du fond d'une chaude caverne de corps humains. Lorsque je faisais un geste un peu ample, j'atteignais toujours quelqu'un et, d'un mouvement de reconnaissance, l'auditeur touché me donnait à comprendre que je n'avais rien à regretter, que je ne devais pas m'interrompre, qu'il fallait continuer. Aucune lassitude ne pouvait subsister dans la tension électrique de cette agglomération humaine. La foule voulait savoir, comprendre, trouver sa voie. Par moment, on croyait sentir jusqu'aux lèvres la prenante question de cette multitude fondue en un seul être. Alors, les arguments conçus d'avance, les mots préparés, cédaient, se retiraient, sous l'autoritaire pression des sympathies, et d'autres mots sortaient de l'ombre, d'autres arguments tout armés, imprévus pour l'orateur, mais nécessaires à la masse. Et alors, l'orateur lui-même avait l'impression d'entendre quelqu'un qui eût parlé tout près de lui, de ne pouvoir suivre assez sa pensée, et sa seule inquiétude était que son double, comme un somnambule, ne tombât de l'amphithéâtre au son de sa voix de raisonneur.

Tel était le cirque Moderne. Il avait sa physionomie à lui, flambante, affectueuse et forcenée. Les nourrissons suçaient paisiblement des seins d'où partaient des cris d'assentiment ou de menace. La foule même était comme un bébé dont les lèvres sèches se collent aux tétins de la Révolution. Mais l'enfançon prenait rapidement de l'âge.

Sortir du cirque Moderne était encore plus difficile que d'y entrer. La foule ne se décidait pas à rompre le bloc qu'elle formait. Elle ne se dispersait pas. L'esprit perdu, le corps épuisé, il fallait voguer vers la porte, passant sur d'innombrables bras qui vous soulevaient au-dessus des têtes. Parfois, je discernais les figures de mes deux filles : elles habitaient dans le voisinage, avec leur mère. L'aînée allait sur ses seize ans ; la cadette allait en avoir quinze.

J'avais à peine le temps de faire un signe de tête vers leurs yeux émus ou de serrer en passant une main tendre et brûlante. Et la foule nous séparait encore.

Lorsque j'étais parvenu dehors, le cirque tout entier se mettait en mouvement. La rue anuitée s'animait de cris et du tapotement des pas. Une grand'porte s'ouvre, m'engloutit et se referme lourdement derrière moi. Des amis m'ont introduit dans le palais de la ballerine Kszesinska, que fit construire pour elle Nicolas II. C'est là que s'est retranché l'état-major des bolchéviks, et des capotes grises tiennent séance sur des sièges capitonnés de soie, piétinant de leurs lourdes bottes un parquet qui n'a pas été ciré depuis longtemps. Ici, l'on peut attendre, un moment, que la foule se soit écoulée, et repartir ensuite.

Un soir, revenant du meeting par des rues désertes, j'entends des pas qui me suivent. Il en avait été de même la veille, et, je crois, l'avant-veille. Serrant du poing mon browning, je fais brusquement demi-tour. Quelques pas en arrière :

— Que vous faut-il ? demandai-je d'un ton menaçant.

J'avais devant moi une jeune figure, toute dévouée.

— Permettez-moi de veiller sur vous ; le cirque est aussi fréquenté par des ennemis.

C'était l'étudiant Poznansky.

Dès lors, il ne me quitta plus. Pendant toutes les années de révolution, il fut à mes côtés, remplissant des missions très variées, mais qui engageaient toujours sa responsabilité. Il s'occupait de ma protection personnelle, créa un secrétariat pour mes expéditions militaires, découvrit des dépôts d'armements que l'on avait oubliés, trouva des livres dont on avait besoin, organisa, avec rien, peut-on dire, des escadrons, combattit au front, puis dans les rangs de l'opposition. Il est actuellement déporté. J'espère que nous nous retrouverons réunis.

Le 3 décembre, je fis, au cirque Moderne, une conférence sur l'activité du gouvernement soviétiste. J'expliquai l'importance de la publication de la correspondance diplomatique du tsarisme et de Kérensky. Je racontai à mes fidèles auditeurs comment, ayant dit que le peuple ne pouvait plus verser son sang pour des traités qu'il n'avait ni conclus, ni lus, ni vus, je m'étais attiré cette réplique des conciliateurs du soviet, réplique véhémente :

— Pas de ce langage ici ! Vous n'êtes pas au cirque Moderne !

Et je reprends la réponse que je fis aux conciliateurs :

— Je n'ai qu'une seule parole, qu'un seul langage, celui du révolutionnaire ; c'est la langue que je parle dans les meetings populaires, c'est le langage que je tiendrai aux Alliés et aux Allemands.

Là, le compte rendu de la presse note de bruyants applaudissements.

Ma liaison avec le cirque Moderne ne cessa qu'en février, lorsque j'allai m'établir à Moscou.

CHAPITRE XII

SUR DES CALOMNIATEURS

Au début de mai 1917, lorsque je parvins à Pétrograd, la campagne ouverte au sujet du « wagon plombé » dans lequel était arrivé Lénine battait son plein. Les ministres socialistes, tout neufs et tirés à quatre épingles, étaient les alliés de Lloyd George qui n'avait pas admis que Lénine se rendît en Russie. Et c'étaient ces mêmes messieurs qui traquaient Lénine parce qu'il avait passé par l'Allemagne. Les circonstances de mon voyage, complétant l'expérience faite par lui, furent tout aussi probantes pour la contre-partie. Ce qui n'empêcha pas que je fusse l'objet de la même calomnie. Buchanan, le premier, lui donna cours. Sous forme d'une lettre ouverte au ministre des Affaires étrangères, — qui, en mai, était déjà Téréchtchenko et non plus Milioukov, — j'écrivis le récit de mon odyssée à travers l'Atlantique. Comme conclusion, je posais la question suivante :

« Estimez-vous, M. le ministre, qu'il est dans l'ordre que l'Angleterre soit représentée par une personne qui s'est salie elle-même en lançant une aussi impudente calomnie et qui n'a pas levé le petit doigt, ensuite, pour se réhabiliter ? »

Il n'y eut pas de réponse. Et je n'en attendais pas. Mais le journal de Milioukov s'entremit en faveur de l'ambassadeur allié en reprenant à son compte les calomnies qui me concernaient. Je décidai de clouer au pilori les diffamateurs d'une façon aussi solennelle que possible. Le premier congrès panrusse des soviets venait de s'ouvrir. Le 5 juin, la salle était archibondée. Je demandai, en fin de séance, à prendre la parole sur un cas personnel.

Voici comment, le lendemain, le journal de Gorky, qui était hostile aux bolchéviks, rapporta mes conclusions et, en général, tout l'épisode :

« Milioukov nous accuse d'être des agents à la solde du gouvernement allemand. Du haut de cette tribune de la démocratie révolutionnaire, je m'adresse à la presse russe honnête (Trotsky se tourne vers la table occupée par les journalistes) et je la prie de reproduire mes paroles : tant que Milioukov n'aura pas retiré cette accusation, il portera sur le front le stigmate d'un infâme calomniateur.

« La déclaration de Trotsky, prononcée avec force et dignité, appelle l'ovation unanime de toute la salle. Tout le congrès, sans distinction de fractions, l'applaudit bruyamment pendant plusieurs minutes. »

Il ne faut pas oublier que le congrès se composait, dans la proportion de neuf dixièmes, de nos adversaires. Mais ce succès, comme l'ont démontré les événements qui suivirent, devait être éphémère. Ce fut, en son genre, un des paradoxes du parlementarisme.

La *Rietch* essaya de relever le gant en annonçant, le lendemain, que j'avais touché, au *Deutscher patriotischer Verein* de New-York, dix mille dollars pour renverser le gouvernement provisoire. Cela, du moins, c'était clair. Or, la vérité est qu'à l'avant-veille de mon départ pour l'Europe, des ouvriers allemands auxquels j'avais fait plus d'une fois des conférences, en collaboration avec des amis et partisans américains, russes, lettons, juifs, lithuaniens et finnois, organisèrent pour moi un meeting d'adieux au cours duquel il y eut une collecte pour les besoins de la révolution russe. On réunit ainsi trois cent dix dollars. Sur cette somme, les ouvriers allemands avaient versé, par l'intermédiaire de leur président, 100 dollars. La somme recueillie me fut remise et, le lendemain même, d'accord avec les organisateurs du meeting, je la répartis entre cinq émigrés qui rentraient en Russie et n'avaient pas assez d'argent pour leur voyage. Telle est l'histoire des « dix mille » dollars.

Je la racontai alors dans le journal de Gorky, *Novaïa Jizn* (27 juin) et terminai par cette leçon :

« Pour réduire à une plus juste mesure, désormais, les élucubrations combinées à mon égard par MM. les menteurs, calomniateurs, plumitifs des journaux cadets et autre canaille en général, je crois utile de déclarer que, dans toute ma vie, je n'ai jamais disposé en une fois non seulement de dix mille dollars, mais même du dixième de cette somme. Pareil aveu peut, à vrai dire, me perdre de réputation dans l'auditoire des cadets beaucoup plus gravement que toutes les insinuations de M. Milioukov. Mais je me suis depuis longtemps fait à l'idée de passer ma vie sans obtenir aucun signe d'approbation des bourgeois libéraux. »

Après cela, la noise ne continua qu'en sourdine. Je résumai la campagne dans une brochure adressée *A des Calomniateurs* et la livrai à l'impression. Huit jours plus tard éclatèrent les journées de juillet et, le 23 du même mois, je fus emprisonné par le gouvernement provisoire, sous l'inculpation d'être au service du Kaiser. L'instruction fut menée par des juges qui avaient acquis leur expérience au service du tsar : ils n'étaient pas habitués à s'embarrasser de faits ou d'arguments. D'ailleurs, il y avait trop d'effervescence à ce moment-là. Lorsque je pris connaissance du dossier, l'indignation que provoqua en moi la vilenie de l'accusation ne fut mitigée que par le rire auquel donnait lieu l'inénarrable sottise du document.

Voici ce que je consignai sur le procès-verbal de l'instruction, en date du 1er septembre :

« Considérant que le tout premier des documents communiqués (déposition du sous-lieutenant Ermolenko), — lequel document a joué jusqu'à présent le rôle principal dans la persécution entreprise contre mon parti et moi-même avec le concours de certains fonctionnaires de la Justice, — est indubitablement le fruit d'un travail conscient de fabrication, ayant pour but non d'élucider les circonstances de l'affaire, mais bien de les embrouiller avec malveillance ; considérant que, dans ce document, M. le juge d'instruction Alexandrov a passé sous silence, d'une façon nettement préméditée, les principales questions et circonstances dont l'explication aurait nécessairement démontré toute la fausseté des déclarations du dit Ermolenko, inconnu pour moi : j'estime qu'en politique et au point de vue moral il serait avilissant pour moi de participer à la procédure d'instruction et réserve d'autant plus mon droit à dénoncer le véritable fond de l'accusation, devant l'opinion du pays, par tous les moyens qui seront en mon pouvoir. »

L'accusation fut bientôt noyée dans de grands événements qui engloutirent non seulement les juges d'instruction, mais toute la vieille Russie avec ses héros de « la dernière heure », du type Kérensky.

*
* *

Je croyais n'avoir plus à revenir sur ce sujet. Mais il s'est trouvé un écrivain pour reprendre et soutenir en 1928 la vieille calomnie. Son nom est Kérensky. En 1928, c'est-à-dire onze ans après les événements révolutionnaires qui l'ont brusquement enlevé et fort justement balayé, Kérensky affirme que Lénine et autres bolchéviks étaient les agents du gouvernement allemand, qu'ils étaient en liaison avec l'état-major allemand, qu'ils touchaient de l'argent allemand pour provoquer une défaite de l'armée russe et le démembrement de la Russie. Tout cela est narré dans des dizaines de pages de son livre burlesque, principalement de la page 290 à 310. Je me faisais une idée assez claire du niveau intellectuel et moral de Kérensky, d'après les événements de 1917 ; néanmoins, je n'aurais jamais cru qu'il fût capable, après tout ce qui s'est passé, de risquer une pareille « accusation ». Il faut pourtant s'en tenir là : le fait est patent.

Kérensky écrit ceci :

« Que Lénine ait trahi la Russie au moment où la guerre arrivait à sa plus haute tension, *c'est un fait historique, impeccablement établi, incontestable* ». (Page 293).

Qui donc a fourni ces preuves incontestables et où les a-t-il trouvées ?

Kérensky commence par vaticiner largement : il raconte que l'état-major allemand choisissait parmi les prisonniers russes des candidats à l'espionnage et les introduisait dans les effectifs des armées russes. Un de ces espions, un vrai ou un faux, (souvent ils ne savaient pas eux-mêmes ce qu'ils étaient), vint trouver directement Kérensky pour lui révéler toute la technique de l'espionnage allemand. Mais, observe mélancoliquement Kérensky, ces « révélations » n'avaient « guère d'importance pratique ». (Page 295).

Et voilà qui est juste ! D'après Kérensky lui-même, il est clair qu'un médiocre aventurier a essayé de le mener par le bout du nez. Cet épisode avait-il quelque rapport avec Lénine et les bolchéviks en général ? Pas le moindre. Kérensky en convient lui-même, l'épisode ne signifiait rien. Alors, pourquoi nous le raconter ? Pour donner quelque ampleur au récit et accroître l'importance des révélations qui doivent suivre. Imitant son informateur, Kérensky voudrait mener le lecteur par le bout du nez.

Oui, dit-il, ce premier cas était sans importance, mais, *en revanche*, nous reçûmes d'une autre source une information « de haute valeur », laquelle « *prouva définitivement* qu'il y avait liaison entre les bolchéviks et l'état-major allemand ». (Page 295). Nôtez bien ce : « prouva définitivement. » Voyons la suite : « Egalement, les moyens et les voies par lesquels ces liaisons étaient entretenues purent être établis. » (Page 295). *Purent* être établis ? C'est équivoque. *Furent*-ils établis ? Nous allons l'apprendre. Un peu de patience : il a fallu onze ans pour mûrir cette « révélation » dans les profondeurs spirituelles de son auteur.

« En avril se présenta au quartier général du général Alexéiev un officier ukrainien du nom de Iarmolenko ». Nous avons déjà entendu ce nom. Nous avons là devant nous le principal personnage de toute l'affaire. Il n'est pas inutile de noter que Kérensky est incapable de se montrer exact même là où il n'est pas dans son intérêt de faire faute d'exactitude. Le nom du petit fripon qu'il met en scène n'est pas Iarmolenko, mais Ermolenko, c'est du moins sous ce nom qu'il figurait dans les papiers des juges d'instruction de M. Kérensky. Ainsi donc, le sous-lieutenant Ermolenko (c'est à dessein que Kérensky dit vaguement : « un officier ») se présenta au G. Q. G. en qualité, prétendait-il, d'agent de l'Allemagne, pour dénoncer de véritables agents allemands. La déposition de ce grand patriote, que la presse bourgeoise la plus hostile au bolchévisme fut bientôt forcée de caractériser comme un louche et douteux individu, démontra incontestablement et définitivement que Lénine n'a pas été uné des plus grandes figures de l'histoire, mais tout simplement un des agents salariés de Ludendorff. Comment, cependant, le sous-lieutenant Ermolenko a-t-il connu ce grand secret et quelles preuves a-t-il apportées pour captiver Kérensky ? Ermolenko, s'il faut l'en croire, a été chargé par l'état-major allemand de faire en Ukraine de la propagande séparatiste.

« On lui avait donné, raconte Kérensky, tous les renseignements indispensables sur les voies et les moyens par lesquels il lui convenait de rester en liaison avec les dirigeants (!) allemands, sur les banques (!) qui lui transmettraient les fonds nécessaires, sur les agents les plus importants, parmi lesquels se trouvaient de nombreux séparatistes ukrainiens et Lénine. »

Tout cela, textuellement, se lit, pages 295 et 296 du grand œuvre ! A présent, du moins, nous saurons comment le grand état-major allemand traitait les espions. Quand un sous-lieutenant, obscur et presque illettré, s'avérait candidat au service d'espionnage, les chefs, au lieu de le placer sous la surveillance de quelque lieutenant du contre-espionnage allemand, mettaient le postulant en relations « avec les dirigeants » de chez eux, lui révélaient immédiatement toute la composition et le fonctionnement de leurs services, et lui fournissaient même la nomenclature des banques (il ne s'agit pas d'*une* banque, il s'agit de *toutes*) par lesquelles passaient les fonds secrets de l'Allemagne ! Comme on voudra, mais on a l'impression, dont on ne saurait se défaire, que l'état-major allemand procédait avec la dernière sottise. Ce n'est pourtant qu'une impression : elle s'explique par ce fait que ledit état-major nous est ici représenté non pas tel qu'il était en réalité, mais tel que se le figuraient les deux sous-lieutenants Max et Moritz[1] : Ermolenko, le sous-lieutenant d'armée, et Kérensky, le sous-lieutenant de la politique.

Mais peut-être, quoique inconnu, obscur et peu élevé en grade, Ermolenko occupait-il un poste important dans les services de l'espionnage allemand ? Kérensky voudrait nous engager à le croire.

Par malheur, nous connaissons autre chose que le livre de Kérensky ; nous possédons les sources auxquelles il a puisé.

Ermolenko, pour sa part, y va plus simplement que Kérensky. Dans ses dépositions, faites sur le ton que peut avoir un médiocre et bête aventurier, Ermolenko donne lui-même le prix de son travail : il se trouve que l'état-major allemand lui aurait versé, en tout et pour tout, quinze cents roubles de l'époque, des roubles alors extrêmement dépréciés, pour toutes ses dépenses d'homme qui

1. Max et Moritz, personnages grotesques d'un roman de bibliothèque enfantine, connus en Allemagne comme l'ont été chez nous le sapeur Camembert et le fantassin Chapuzot. — N. d. T.

avait à organiser la séparation de l'Ukraine et le renversement de Kérensky. Ermolenko avoue franchement, dans ses dépositions qui ont été, depuis, publiées, qu'il se plaignit amèrement de la parcimonie allemande, mais sans parvenir à un résultat. Il protestait : « Pourquoi si peu ? » Mais les « dirigeants allemands » se montrèrent intraitables.

Au surplus, Ermolenko ne nous dit pas s'il mena ses pourparlers directement avec Ludendorff, ou avec Hindenburg, avec le Kronprinz ou avec l'ex-Kaiser... Ermolenko se refuse obstinément à nommer les « dirigeants » qui lui octroyèrent largement quinze cents roubles pour assurer la débâcle de la Russie, pour ses frais de voyage, pour son tabac et la bouteille... Nous prenons sur nous d'émettre cette hypothèse que l'argent servit surtout à des libations et que, les fonds allemands s'étant épuisés dans les poches du sous-lieutenant, il renonça à faire appel aux banques dont on lui avait donné la liste à Berlin : valeureusement, il préféra se présenter à l'état-major russe pour obtenir des subsides patriotiques. Il est fort probable aussi qu'en cours de route, il fut cueilli par un des officiers russes du contre-espionnage qui manœuvraient alors contre les bolchéviks. Et ce serait un officier de cette sorte qui, vraisemblablement, aurait donné à Ermolenko l'inspiration... Il en résulta, dans le cerveau peu spacieux du sous-lieutenant, quelque chose comme deux philosophies différentes : d'une part, il ne pouvait réprimer en lui-même un ressentiment contre le lieutenant allemand qui lui avait jeté à la figure quinze cents roubles et pas un copec de plus ; d'autre part, il ne se permettrait pas d'oublier qu'il était dans la confidence des « dirigeants allemands », qu'il connaissait tout le système de l'espionnage allemand, avec ses agents et ses banques.

Quels sont les « nombreux séparatistes ukrainiens » que dénonça Ermolenko à Kérensky ? On n'en voit rien dans le livre de ce dernier. Pour donner quelque poids aux lamentables mensonges d'Ermolenko, Kérensky en ajoute d'autres de son cru. Parmi les séparatistes, Ermolenko, comme on le voit d'après ses dépositions authentiques, nomma Ioltoukhovsky (dit Skoropis). Kérensky fait le silence sur ce nom parce qu'il sait bien que s'il le mentionnait, il serait forcé de reconnaître qu'Ermolenko n'a rien révélé. Le nom de Ioltoukhovsky n'était un secret pour personne. Il avait été rappelé des dizaines de fois dans les journaux, en temps de guerre. Ioltoukhovsky ne cachait pas qu'il était en relations avec l'état-major allemand. A Paris, dans *Naché Slovo*, j'avais stigmatisé, dès la fin de 1914, le petit groupe d'Ukrainiens séparatistes qui s'était lié avec les autorités militaires allemandes. Je les avais tous désignés par leurs noms, et Ioltoukhovsky était du nombre.

Nous avons vu cependant qu'à Berlin l'on désigna à Ermolenko non seulement « de nombreux séparatistes ukrainiens », mais aussi... Lénine.

On peut encore comprendre que les séparatistes aient été indiqués à Ermolenko, puisqu'il rentrait en Russie pour faire lui-même de la propagande séparatiste. Mais, dans quel but lui aurait-on désigné Lénine ?

Kérensky ne répond pas à cette question. Et ce n'est pas par hasard. En effet, Ermolenko introduit à tort et à travers, dans ses dépositions embrouillées, le nom de Lénine.

L'inspirateur de Kérensky raconte qu'il s'est engagé comme espion allemand dans un but « patriotique » ; qu'il a réclamé une augmentation de ses « fonds secrets » (quinze cents roubles !) dès qu'on lui eut expliqué les fonctions qu'il aurait à remplir : espionnage ; faire sauter des ponts ; etc. En dehors de cette histoire, on lui aurait expliqué, selon lui (mais *qui* le lui a dit ?), qu'en Russie il ne travaillerait « pas seul », que « Lénine et ses partisans travaillaient dans le même (!) sens ».

Tel est le texte littéral de ses dépositions.

Il en résulte qu'un petit agent, chargé de faire sauter des ponts, aurait été mis au courant, sans la moindre utilité pratique, d'un secret comme celui des rapports prétendus entre Lénine et Ludendorff...

Vers la fin de ses déclarations, et sans aucun rapport avec l'ensemble du racontar, fait évidemment sous l'influence grossière d'un souffleur, Ermolenko ajoute tout à coup ceci :

« On m'apprit [qui le lui a appris ?] que Lénine avait participé à des conférences à Berlin, avec des représentants de l'état-major, et qu'il s'était arrêté chez Skoropis-Ioltoukhovsky, *ce dont je me convainquis par la suite.* » Un point, c'est tout.

Comment s'en est-il convaincu ? Il n'en dit pas un mot. A l'égard de cette indication d'Ermolenko, la seule qui porte sur « un fait », le juge d'instruction Alexandrov ne fit preuve d'aucune curiosité. Il s'abstint de poser une bien simple question, il ne demanda pas au sous-lieutenant Ermolenko *comment* il avait pu savoir en toute certitude que Lénine, pendant la guerre, avait séjourné à Berlin et était descendu chez Skoropis-Ioltoukhovsky. Ou peut-être Alexandrov posa-t-il la question (il ne pouvait se dispenser de la poser !) et n'obtint-il en réponse qu'une sorte de mugissement confus, ce qui l'aurait décidé à ne pas consigner cet épisode dans le procès-verbal. Très probable !...

N'avons-nous pas le droit, devant toute cette cuisine, de nous écrier : quel est l'imbécile qui en sera dupe ? Mais il existe, à ce que nous voyons, des « hommes d'Etat » qui font semblant de croire à ces histoires et invitent leurs lecteurs à y ajouter foi.

Est-ce bien tout ? — Oui, pour le sous-lieutenant de l'armée, c'est fini... Mais... le sous-lieutenant de la politique a encore des hypothèses et des conjectures à nous soumettre. Suivons-le.

« Le gouvernement provisoire, raconte Kérensky, se voyait en face d'une tâche difficile qui était de suivre jusqu'au bout les fils indiqués par Ermolenko, de filer les agents qui faisaient la navette entre Lénine et Ludendorff et de les prendre en flagrant délit avec le plus possible de documents-massues. » (Page 296).

Cette phrase d'apparence pompeuse ne tient qu'à deux fils : mensonge et lâcheté. C'est ici qu'apparaît pour la première fois le nom de Ludendorff. Dans les dépositions d'Ermolenko, il n'y a pas un seul nom allemand : le crâne du sous-lieutenant de l'armée était de trop petite capacité. En ce qui concerne les agents qui auraient fait la navette entre Lénine et Ludendorff, Kérensky parle à dessein sur un ton équivoque. D'une part, on pourrait penser qu'il est question d'agents bien déterminés, déjà connus, qu'il ne restait plus qu'à saisir avec les pièces du délit. D'autre part, il semblerait que, dans la tête de Kérensky, il n'y eut qu'une idée toute platonique desdits agents. S'il a eu l'intention de les « suivre à la trace » [1], il ne s'agissait encore que de talons inconnus, anonymes, transcendantaux. Avec toutes ses malices verbales, le calomniateur ne parvient qu'à mettre à nu son talon d'Achille, ou bien, pour en parler d'une façon moins classique, son sabot d'âne.

L'instruction de l'affaire, selon Kérensky, fut si secrète que quatre ministres seulement en furent informés. Le ministre de la Justice lui-même, l'infortuné Péréverzev, n'en savait rien ! Voilà comment on traite sérieusement les affaires d'Etat ! Tandis que l'état-major allemand livrait au premier venu non seulement les firmes de ses banques correspondantes, mais le secret de ses liaisons avec les leaders du plus grand parti révolutionnaire, Kérensky se conduisait tout autrement : lui compté, il ne trouvait que trois autres ministres assez fortement trempés pour ne pas laisser échapper les talons des agents de Ludendorff.

Et il se plaint encore :

« La tâche était au dernier degré difficile, embrouillée et de longue durée ». (Page 297).

---

1. L'expression de Kérensky est « poursuivre sur les talons », d'où le jeu de mots de Trotsky. — N. d. T.

Nous le croyons volontiers, cette fois.

Et, de plus, le succès couronna entièrement les efforts du patriote. Kérensky le dit nettement :

« Le succès, en tout cas, fut tout simplement anéantissant pour Lénine. Les rapports de Lénine avec l'Allemagne étaient impeccablement établis ». (Page 297).

Nous prions le lecteur de se rappeler ces mots : « impeccablement établis. »

Par qui et comment ? Ici, Kérensky introduit dans son roman d'une cause criminelle deux révolutionnaires polonais assez connus, Ganetsky et Kozlovsky et une certaine madame Sumenson au sujet de laquelle personne ne sait rien et dont l'existence même n'a jamais pu être démontrée. Ce furent les trois agents de liaison, nous dit-on. Sur quoi Kérensky se base-t-il pour inscrire feu Kozlovsky et le bien vivant Ganetsky parmi ceux qui auraient servi d'intermédiaires entre Ludendorff et Lénine ? On n'en sait rien. Ermolenko n'a jamais nommé ces personnes. On les voit apparaître dans les pages de Kérensky de même qu'elles furent révélées, dans les journaux de juillet 1917, de la façon la plus inattendue, *dei ex machina*, — le rôle de machine, en l'occasion, étant manifestement joué par le contre-espionnage tsariste.

Voici ce que raconte Kérensky :

« L'agent bolchévik allemand de Stockholm qui emportait des documents démontrant d'une façon irréfutable la liaison de Lénine avec le commandement allemand, devait être arrêté à la frontière russo-suédoise. La teneur des documents nous était exactement connue. » (Page 298).

Cet agent, à ce qu'il paraît, aurait été Ganetsky. Nous voyons que les quatre ministres, dont le plus sage était certainement le ministre-président, n'avaient pas travaillé en vain : l'agent des bolchéviks apportait de Stockholm à Kérensky des documents connus d'avance (« exactement connus »), des papiers prouvant irréfutablement que Lénine était l'agent de Ludendorff.

Mais pourquoi Kérensky ne nous ferait-il pas confidence de son secret au sujet de ces documents ? Pourquoi ne jetterait-il pas, même brièvement, quelque lumière sur ce qu'ils contenaient ? Pourquoi ne nous dirait-il pas, ne fût-ce que par allusion, de quelle manière il en a connu d'avance la teneur ? Pourquoi ne nous explique-t-il pas à quelles fins, à proprement parler, l'agent allemand des bolchéviks apportait en Russie des documents destinés à prouver que les bolchéviks étaient bien des agents allemands ?

De tout cela, Kérensky ne nous dit pas un mot. Encore une fois, on ne peut que demander quel est l'imbécile qui voudra le croire.

Cependant, il se trouve aussi que l'agent de Stockholm ne fut pas arrêté. Les remarquables documents que Kérensky en 1917, « connaissait exactement », mais qui, en 1928, resteront de l'inconnu pour ses lecteurs, ne furent pas saisis. L'agent des bolchéviks était bien parti, mais il n'alla pas jusqu'à la frontière russo-suédoise. Pourquoi ?... Seulement parce que le ministre de la justice Péréverzev, incapable de suivre les gens à la trace, avait bavardé, révélant trop tôt aux journaux le grand secret du sous-lieutenant Ermolenko. *Pourtant le bonheur était si possible, si proche !...* [1]

« Le travail auquel se livra pendant deux mois le gouvernement provisoire (principalement Téréchtchenko) pour découvrir les agissements des bolchéviks aboutit à *un échec.* » (Page 298).

Oui, c'est bien ainsi que Kérensky s'exprime : « aboutit à un échec. »

Page 297, il était dit que « le succès de ce travail fut tout simplement anéantissant pour Lénine ». Ses relations avec Ludendorff furent « impeccablement établies ».

Mais, page 298, nous lisons qu'« un travail de deux mois aboutit à un échec... »

1. Phrase empruntée à l'*Eugène Oniéguine* de Pouchkine et passée en dicton d'une douce ironie, dans la langue russe. — N. d. T.

N'est-ce pas là une assez drôle bouffonnerie ?

Malgré la déconvenue des quatre ministres qui suivaient à la trace la dame Sumenson, inconnue de tout le monde, Kérensky ne perd pas courage. Au sujet des rapports des bolchéviks avec Ludendorff, il déclare fièrement ceci :

« Je puis seulement, *en pleine conscience de ma responsabilité devant l'histoire*, reprendre les paroles du procureur du tribunal de Pétrograd... » (Page 298).

C'est là qu'il se montre de toute sa hauteur ! Tel l'entendirent plus d'une fois, parlant de la tribune, en 1917, les engagés volontaires, les lieutenants de gauche, les lycéens et les demoiselles démocrates : « en pleine conscience de ma responsabilité devant l'histoire ! » Il est de cette taille-là, l'incomparable sous-lieutenant de la politique, Narcisse Kérensky ! Mais, quelques pages plus loin, après ce beau serment, voici encore un aveu écrasant :

« Nous, gouvernement provisoire, avons ainsi laissé échapper pour toujours (!) la possibilité de démontrer définitivement, et avec des documents à l'appui, la trahison de Lénine ». (Page 305).

« Laissé échapper pour toujours... » De tout ce qu'on avait bâti sur les épaules d'Ermolenko, il ne reste, en fin de compte, rien, si ce n'est une parole d'honneur donnée devant l'histoire.

Mais nous ne sommes pas au bout. La fausseté et la lâcheté de Kérensky sont encore, peut-être, plus manifestes quand il en vient à parler de moi. Terminant sa liste des agents allemands qui devaient être arrêtés sur son ordre, Kérensky note d'un ton discret :

« Quelques jours après, l'on arrêta aussi Trotsky et Lounatcharsky ». (Page 309.)

C'est le seul passage où Kérensky m'introduise dans les services de l'espionnage allemand. Il le fait d'une façon enveloppée, sans fleurs de rhétorique, sans dépenser sa

« parole d'honneur ». Il a des raisons suffisantes pour agir ainsi. Il ne peut me passer tout à fait sous silence, car, de toutes manières, son gouvernement m'a arrêté et a formulé contre moi la même inculpation que contre Lénine. Mais il ne veut et ne peut trop s'étendre sur les points d'accusation : en ce qui me concerne, son gouvernement fit preuve particulièrement éclatante de sottise. Le seul indice de culpabilité qu'avait trouvé contre moi le juge d'instruction Alexandrov était mon passage à travers l'Allemagne, en wagon plombé et en compagnie de Lénine. Le vieux chien de garde de la justice tsariste ignorait absolument que le wagon plombé avait amené, avec Lénine, non pas moi, mais le leader des menchéviks, Martov. Je n'étais arrivé qu'un mois après Lénine, je venais de New-York, j'avais passé par un camp de concentration au Canada et par les pays scandinaves. L'accusation dressée contre les bolchéviks provenait de misérables et méprisables faussaires qui ne jugeaient même pas nécessaire de rechercher dans les journaux quand et par quelle voie Trotsky était arrivé en Russie. Je pris le juge d'instruction en flagrant délit. Je lui jetai à la figure ses sales paperasses et lui tournai le dos, ne voulant plus causer avec lui. J'expédiai sur l'heure une protestation au gouvernement provisoire.

C'est ici que l'on voit le mieux à quel point Kérensky est coupable, de quelle façon grossièrement criminelle il trompe son lecteur. Il sait comment sa « justice », quand elle m'accusa, a honteusement échoué. Voilà pourquoi, m'introduisant incidemment dans les services de l'espionnage allemand, il n'a pas un seul mot pour rappeler comment lui et trois autres ministres me suivirent à la trace à travers l'Allemagne à une époque où j'étais enfermé dans un camp de concentration au Canada.

Généralisant ses idées, le calomniateur ajoute :

« Si Lénine n'avait pas eu l'appui de tout l'appareil matériel et technique de la propagande allemande, il n'aurait jamais réussi à ruiner la Russie. » (Page 299).

Kérensky voudrait pouvoir croire que l'ancien régime (et lui-même avec ce régime) a été renversé non par le peuple révolutionnaire, mais par l'espionnage allemand. Combien est consolante une philosophie historique d'après laquelle toute la vie d'un grand pays n'aurait été qu'un jouet entre les mains d'une organisation d'espionnage de la nation voisine ! Mais si la puissance militaire et technique de l'Allemagne a pu renverser en quelques mois la démocratie de Kérensky, et implanter artificiellement le bolchévisme, comment se fait-il que l'appareil matériel et technique de toutes les puissances de l'Entente ait été incapable, en douze années, de détruire ce bolchévisme de création artificielle ?

Mais nous n'allons pas nous lancer ici dans la philosophie de l'histoire. Restons dans le domaine des faits.

En quoi a consisté l'aide technique et financière de l'Allemagne ? Kérensky ne nous en dit pas un mot. Les bolchéviks publiaient à Pétrograd, en 1917, un journal de petites dimensions, aussi petit que celui qu'ils avaient édité avant la guerre, en 1912. Ils lançaient des tracts. Ils avaient des agitateurs. En d'autres termes : nous étions un parti révolutionnaire. Où aperçoit-on l'assistance de l'espionnage allemand ? Pas un mot là-dessus. Et que pourrait-on dire en effet ?

Réprimant notre dégoût et recourant à une salutaire ironie qui est aussi nécessaire ici que le citron à qui est pris du mal de mer, nous avons analysé « devant la face de l'histoire » les dépositions de Kérensky. Nous n'avons laissé de côté aucun de ses arguments, aucune de ses considérations, bien que, dans le cours de tout ce travail, nous nous soyons creusé la tête à nous dire : est-ce bien la peine de s'occuper de ces ordures ? Car enfin, Ludendorff, Hindenburg et beaucoup d'autres dirigeants et collaborateurs de l'état-major allemand sont encore en vie. Ils sont tous ennemis des bolchéviks. Qu'est-ce qui les empêcherait de révéler un vieux secret ? Actuellement, c'est la social-démocratie qui détient le pouvoir en Allemagne, et elle a accès à toutes les archives. Si Ludendorff n'a pas caché à un Ermolenko ses prétendues relations avec Lénine, il faut penser qu'il y a en Allemagne bien des gens qui savaient au moins ce qu'on ne cachait pas à un sous-lieutenant russe. Pourquoi donc tous ces ennemis irréconciliables des bolchéviks et de la révolution d'Octobre se taisent-ils ?

Kérensky allègue, il est vrai, les mémoires de Ludendorff. Mais, de ces mémoires, une seule chose est évidente : Ludendorff espérait que la révolution en Russie amènerait la décomposition de l'armée tsariste, il compta d'abord sur la révolution de février, puis sur Octobre. Pour voir clair dans le plan de Ludendorff, on n'avait pas besoin de ses mémoires. Il suffisait de savoir qu'un groupe de révolutionnaires russes fut admis à traverser l'Allemagne. De la part de Ludendorff, c'était une aventure à courir en raison de la pénible situation militaire où se trouvait l'Allemagne. Lénine tira profit des calculs de Ludendorff pour ses propres calculs. Ludendorff se disait : Lénine renversera les patriotes, ensuite j'étoufferai Lénine et ses amis. Lénine se disait : je passerai dans le wagon de Ludendorff, et je le paierai à ma façon de ce service.

Que deux plans historiques opposés aient eu un point d'intersection, et que ce point ait été un « wagon plombé », — nous n'avions pas besoin des talents de policier de Kérensky pour nous le prouver. C'est un fait historique. Et, après cela, l'histoire a déjà eu le temps de vérifier la valeur des calculs contraires. Le 7 novembre 1917, les bolchéviks s'emparèrent du pouvoir. Exactement un an plus tard, sous la puissante influence de la révolution russe, les masses révolutionnaires allemandes renversaient Ludendorff et ses patrons. Mais, dix ans après, le Narcisse démocrate, humilié par l'histoire, a essayé de rafraîchir une sotte calomnie, qui n'atteint pas Lénine, mais est dirigée contre un grand peuple et sa révolution.

CHAPITRE XIII

DE JUILLET A OCTOBRE

Le 4 juin [1], la fraction bolchéviste lut au congrès des soviets une déclaration déposée par moi, concernant l'offensive que préparait Kérensky sur le front. Nous signalions que cette offensive était une aventure qui menaçait l'existence même de l'armée. Mais le gouvernement provisoire s'enivrait d'éloquence oiseuse. Les ministres considéraient la masse des soldats, ébranlée jusqu'au plus profond par la révolution, comme une glaise dont on peut faire tout ce qu'on veut. Kérensky parcourait le front, conjurait, menaçait, s'agenouillait, baisait la terre et, en un mot, se livrait à toutes les pitreries, sans donner la moindre réponse à toutes les questions qui tourmentaient les soldats. Se dupant lui-même par de faciles effets, fort de l'appui du congrès des soviets, il donna l'ordre de l'offensive. Lorsque le désastre prédit par les bolchéviks éclata, ce fut ces derniers que l'on accusa. On les traqua avec une recrudescence d'acharnement. La réaction, sous le couvert du parti cadet, poussait de toutes parts et réclamait nos têtes.

La confiance des masses en le gouvernement provisoire était irrémédiablement compromise. Dans cette deuxième

---

1. Ici et plus loin, les dates sont celles de l'ancien calendrier russe. Le 1er congrès des soviets s'ouvrit le 3/16 juin et c'est le lendemain, 4/17 juin, que se produisit l'événement en question. — N. d. T.

étape de la révolution, Pétrograd se montra encore, et de très loin, l'avant-garde. Au cours des journées de juillet, ce poste avancé eut une escarmouche avec le gouvernement de Kérensky. Ce n'était pas encore l'insurrection, ce n'était qu'une reconnaissance poussée à fond. Mais, dès ce conflit ouvert, on put voir que Kérensky ne disposait d'aucune armée « démocratique », que les forces qui le soutenaient contre nous étaient celles de la contre-révolution.

J'étais en séance, au Palais de Tauride, le 3 juillet, lorsque j'appris la manifestation du régiment de mitrailleurs et l'appel lancé par lui aux autres troupes et aux usines. Cette nouvelle était pour moi inattendue. La démonstration était spontanée, elle venait de la base, sur une initiative anonyme. Le lendemain, elle prit plus d'ampleur, et notre parti en était déjà. Le Palais de Tauride fut envahi par le peuple. Il n'y avait qu'un mot d'ordre : « Le pouvoir aux soviets ! » Devant le palais, un petit groupe d'individus suspects qui se tenait à l'écart de la foule arrêta le ministre de l'Agriculture, Tchernov, et l'obligea à monter dans une automobile. La multitude resta indifférente au sort du ministre, et, en tout cas, les sympathies n'allaient pas à lui. La nouvelle de l'arrestation de Tchernov et du triste sort qui le menaçait parvint à l'intérieur du palais. Les populistes décidèrent d'employer les autos-blindées à mitrailleuses pour sauver leur leader. La décroissance de leur popularité les rendait nerveux : ils voulurent montrer qu'ils avaient de la poigne. Je résolus de prendre place dans l'automobile où était Tchernov, de tenter de le sortir ainsi de la foule, pour lui rendre ensuite la liberté. Mais le bolchévik Raskolnikov, lieutenant de la flotte baltique, qui avait amené les matelots de Cronstadt à la manifestation, réclama avec une extrême émotion la mise en liberté immédiate du ministre, ne voulant pas que l'on prétendît ensuite que les marins l'avaient arrêté. Je pris le parti d'essayer d'aider Raskolnikov.

Pour la suite, je lui cède la parole :

« Il serait difficile de dire combien de temps aurait duré le tumulte, note l'expansif lieutenant dans ses mémoires, si le camarade Trotsky n'était pas venu à la rescousse. D'un bond, il fut sur le capot de la voiture et, d'un large geste énergique d'homme qui en a assez d'attendre, réclama du calme. En une seconde, tout s'apaisa, un silence de mort régna. D'une forte voix, distincte, métallique... Lev Davydovitch prononça une courte harangue » [qui se termina ainsi : « Que celui qui veut faire violence à Tchernov lève la main ! »] « Personne, continue Raskolnikov, n'osa même ouvrir la bouche, personne ne prononça un mot d'objection. — Citoyen Tchernov, vous êtes libre ! proféra solennellement Trotsky, se tournant de toute sa stature vers le ministre, et l'invitant par le geste à descendre de l'automobile. Tchernov n'était ni mort, ni vif. Je l'aidai à descendre, et, le visage défait, ravagé, d'un pas vacillant, irrésolu, il gravit les degrés et disparut dans le vestibule du palais. Satisfait de sa victoire, Lev Davydovitch s'éloigna avec lui. »

Si l'on met de côté l'excès de coloris pathétique, la scène est rendue avec exactitude. Ce qui n'empêcha pas la presse hostile d'affirmer que j'avais arrêté Tchernov pour le faire lyncher. Tchernov lui-même garda un silence embarrassé : il est gênant, en effet, pour un ministre « populaire » d'avouer qu'il a sauvé sa tête non par sa popularité, mais grâce à l'intervention d'un bolchévik.

L'une après l'autre, des députations venaient, au nom des manifestants, réclamer du comité exécutif qu'il prît le pouvoir. Tchkhéidzé, Tsérételli, Dan, Gotz occupaient les sièges du bureau comme des dieux-termes. Ils ne répondaient pas aux députations, regardaient vaguement devant eux ou bien échangeaient entre eux des coups d'œil inquiets et mystérieux. Les bolchéviks prenaient la parole, soutenant les délégations d'ouvriers et de soldats. Les membres du bureau se taisaient. Ils attendaient. Qu'attendaient-ils ?... Des heures passèrent ainsi. La nuit était fort avancée lorsque les voûtes du palais retentirent des sonneries de victoire de clairons. Le bureau ressuscita, comme galvanisé par un courant électrique. Quelqu'un vint annoncer solennellement que le régiment volhynien était arrivé du front pour se mettre à la disposition du comité exécutif. Il se trouvait ainsi que, dans toute la formidable garnison de Pétrograd, la « démocratie » n'avait pas trouvé un seul corps de troupe sur lequel elle pût compter. Elle avait dû attendre que la force armée lui vînt du front. Toute la situation changea aussitôt. Les délégations furent expulsées, on refusa la parole aux bolchéviks. Les leaders de la démocratie décidèrent de se venger sur nous de la terreur que leur avaient inspirée les masses. De la tribune du comité exécutif partirent des discours sur l'émeute de gens armés que venaient d'écraser les troupes fidèles à la révolution. Il fut déclaré que les bolchéviks constituaient un parti contre-révolutionnaire. Tout cela grâce à l'arrivée d'un unique régiment, celui des Volhyniens. Or, trois mois et demi plus tard, ce même régiment contribuait à renverser le gouvernement de Kérensky.

Le 5, dans la matinée, j'eus une rencontre avec Lénine. L'offensive des masses était déjà réprimée.

— Maintenant, me dit Lénine, ils vont nous fusiller tous. C'est le bon moment pour eux.

Mais Lénine surestimait, en la personne de l'ennemi, son esprit de décision et sa capacité d'action, sinon sa haine. Nos adversaires ne nous fusillèrent pas, bien qu'ils y fussent tout disposés. Dans les rues, on frappait et on tuait des bolchéviks. Des *junkers* vinrent saccager le palais Kszesinska et l'imprimerie de la *Pradva*. Toute la rue, devant cet établissement, fut jonchée de manuscrits. Entre autres choses fut ainsi perdu mon pamphlet : *A des Calomniateurs*. L'exploration en profondeur de juillet était ramenée à une bataille unilatérale. L'adversaire vainquit sans peine car nous n'étions pas entrés en lutte. Le parti le paya chèrement. Lénine et Zinoviev durent se cacher. Il y eut d'innombrables arrestations, accompagnées de passages à tabac. Les Cosaques et les *junkers* volaient leur argent à ceux qu'ils arrêtaient, sous prétexte que c'était de l'argent « allemand ». Bien des compagnons de route et amis à demi déclarés nous tournèrent le dos. Au Palais de Tauride, nous fûmes déclarés contre-révolutionnaires et mis, en fait, hors la loi.

Dans les sphères supérieures du parti, la situation n'était pas fameuse. Lénine avait disparu. Le groupe de Kaménev releva la tête. Nombreux, et, parmi eux, Staline, furent ceux qui se tinrent cois, à l'écart des événements, attendant de pouvoir manifester leur sagesse en meilleure occasion. La fraction bolchéviste du comité exécutif central se sentait orpheline au Palais de Tauride. Elle m'envoya une délégation pour me demander si je ne ferais pas un rapport sur la nouvelle situation, bien que je ne fusse pas encore membre du parti : l'acte qui devait formellement consacrer notre union avait été différé jusqu'au congrès du parti qui devait avoir lieu bientôt. Bien entendu, j'acceptai très volontiers de prendre la parole. L'entretien que j'eus avec la fraction bolchéviste établit de ces liens moraux qui ne se forment que sous les coups les plus durs de l'ennemi. Je déclarai qu'après cette crise, nous pouvions nous attendre à un rapide redressement ; que les masses s'attacheraient doublement à nous quand elles auraient vérifié par les faits notre fidélité ; qu'il fallait, en ces journées, observer de près chaque révolutionnaire, car c'est en de tels moments que les gens sont pesés sur une balance qui ne trompe pas. Et je me rappelle encore, avec joie, l'accueil chaleureux et reconnaissant que me fit la fraction.

— Lénine n'est pas là, disait Mouralov, mais, parmi les autres, Trotsky est le seul qui n'ait pas perdu la tête.

Si j'écrivais ces mémoires en d'autres conditions, — il est d'ailleurs douteux que j'eusse pu les écrire en d'autres circonstances, — je me sentirais gêné à relater bien des choses que je rapporte dans ces pages. Mais je ne puis me distraire de cette vaste falsification du passé, bien organisée, qui est un des principaux soucis des épigones. Mes amis sont emprisonnés ou déportés. Je suis forcé de dire de moi ce qu'en d'autres circonstances je n'aurais jamais dit. Il ne s'agit pas seulement pour moi de vérité historique ; il s'agit d'une lutte politique qui continue.

C'est de ce temps que date mon indissoluble amitié combative et politique avec Mouralov. Sur cet homme, il faut dire ici au moins quelques mots. Vieux bolchévik, il a participé à la révolution de 1905, à Moscou. En 1906, à Serpoukhov, il fut pris dans un pogrome de Cent-Noirs qui avait lieu, comme toujours, sous la protection de la police. Mouralov est un magnifique géant dont l'intrépidité prend son équilibre dans une magnanime bonté. Il se trouva avec quelques hommes de gauche cerné par les ennemis, dans la maison des zemstvos. Il sortit de l'édifice le revolver au poing et, d'un pas égal, marcha sur la foule. Mais un groupe de Cent-Noirs, brigade de choc, lui barra le chemin, des cochers se mirent à vociférer.

— Place ! cria le géant, sans s'arrêter, et il leva son revolver.

On sauta sur lui. Il abattit un homme sur place et en blessa un autre. La foule s'écarta brusquement. Sans presser le pas, fendant la multitude comme un brise-glace, Mouralov sortit de là, et, à pied, gagna Moscou.

Son procès dura deux ans et, malgré la réaction qui sévissait alors, se termina par un acquittement.

Il avait fait ses études comme agronome, il avait été soldat dans une compagnie des équipages automobiles pendant la guerre impérialiste, il dirigea les combats d'Octobre à Moscou et devint le premier commandant de la circonscription militaire de Moscou après la victoire. Il fut l'intrépide maréchal de la guerre révolutionnaire, toujours égal à lui-même, simple, sans pose. En campagne, il faisait une propagande infatigable, par actes utiles : il donnait des conseils aux agriculteurs, fauchait les blés, soignait les gens, médicamentait le bétail, aux heures de loisir. Dans les circonstances les plus difficiles, il émanait de lui de la sérénité, de l'assurance et de la chaleur de sentiment.

La guerre finie, Mouralov et moi tâchions de passer ensemble nos journées de liberté. Nous étions liés par la passion de la chasse. Nous avons roulé ensemble par le Nord et le Midi, tantôt à la poursuite de l'ours ou du loup, tantôt en quête de faisans et d'outardes. Actuellement, Mouralov chasse... en Sibérie, en qualité d'oppositionnel déporté.

Pendant les journées de juillet, Mouralov ne flancha point et soutint beaucoup d'entre nous. Chacun des nôtres avait bien besoin de se posséder pour traverser les corridors et les salles du Palais de Tauride sans se courber, sans baisser la tête, à travers une haie de regards furibonds, au milieu de gens qui chuchotaient haineusement, qui se poussaient entre eux, du coude, avec affectation, disant : « regarde ça, regarde ! » et parmi certains qui, tout simplement, grinçaient des dents. Nul n'est plus rageur que le philistin « révolutionnaire », arrogant et bouffi d'orgueil, quand il commence à voir que la révolution, après l'avoir soudainement porté aux cimes, en vient à menacer sa prospérité temporaire. Pour aller au buffet du comité exécutif, il fallut suivre en ces jours-là un petit chemin du Calvaire.

On distribuait au buffet du thé et des « butterbrots » de pain noir avec fromage ou caviar rouge : le caviar abondait à Smolny et l'on en eut, plus tard, en quantité, au Kremlin. Pour le dîner, des « chtchi » [1] avec un morceau de bœuf.

Le buffet était tenu par un soldat nommé Grafov. Au moment où nous étions le plus traqués, alors que Lénine, déclaré espion allemand, restait caché dans une hutte, j'observai que Grafov m'offrait toujours le plus brûlant de ses verres de thé, le meilleur de ses « butterbrots », sans toutefois me regarder en face. La chose était claire : les sympathies de Grafov allaient aux bolchéviks, mais il s'en cachait devant ses chefs. J'y regardai de plus près. Grafov

1. Soupe aux choux. — N. d. T.

n'était pas seul à sentir ainsi. Tout le petit personnel de Smolny, — gardiens, courriers, sentinelles, — était évidemment porté vers les bolchéviks. Je me dis alors que notre cause était déjà à moitié gagnée. Mais elle ne l'était encore qu'à moitié.

La presse menait contre les bolchéviks une campagne sans précédent pour l'acharnement et la malhonnêteté, et qui n'a été surpassée, en ce genre, que des années plus tard, par la campagne de Staline contre l'opposition.

Lounatcharsky fit, en juillet, plusieurs déclarations équivoques, lesquelles furent interprétées, non sans raison, dans la presse, comme une abjuration du bolchévisme. Certains journaux m'attribuèrent des propos identiques. Le 10 juillet, j'envoyai au gouvernement provisoire une lettre dans laquelle je me déclarais en complète solidarité avec Lénine et qui se terminait ainsi :

« Vous n'êtes nullement fondés à m'excepter du décret d'arrestation rendu contre Lénine, Zinoviev et Kaménev... Vous n'avez aucune raison de douter que je sois un adversaire de la politique générale du gouvernement provisoire, tout aussi irréconciliable que le sont ces camarades... »

MM. les ministres agirent en conséquence : ils me firent arrêter comme espion allemand.

En mai, lorsque Tsérételli traquait les matelots et désarmait les mitrailleurs, je lui avais prédit que le jour n'était peut-être pas éloigné où il devrait demander le secours des matelots contre un général qui se chargerait de graisser la corde destinée à pendre la révolution.

En août, ce général se montra : c'était Kornilov. Tsérételli demanda de l'aide aux matelots de Cronstadt. Ceux-ci ne se refusèrent pas. Le croiseur *Avrora* entra dans les eaux de la Néva. C'est dans la prison de « Kresty » que je devais apprendre une si prompte réalisation de mon pronostic. Les matelots de l'*Aurore* m'envoyèrent une délégation pour prendre conseil : devaient-ils protéger le Palais d'Hiver ou lui donner l'assaut ? Je leur conseillai d'attendre pour régler ses comptes à Kérensky et de se défaire d'abord de Kornilov.

— Nous n'y perdrons rien, leur dis-je.

— Rien ?

— Rien.

Ma femme et mes garçons venaient me voir, à l'heure de la visite. Vers ce temps-là, les enfants avaient déjà acquis une certaine expérience politique. Ils passaient l'été dans une villa, chez des gens que nous connaissions, la famille du colonel retraité V***. Il venait là des hôtes, officiers pour la plupart, qui, en dégustant la vodka, insultaient les bolchéviks. Pendant les journées de juillet, les outrages allèrent aux dernières extrémités. Un de ces officiers partit bientôt pour le Midi où se formaient déjà les cadres des futures armées blanches. Un autre, un jeune patriote, déclara à table que Lénine et Trotsky étaient des espions allemands. Mon aîné, s'armant d'une chaise, se jeta sur lui ; le cadet courut à la rescousse, muni d'un couteau de table. Les grandes personnes leur firent lâcher prise. Sanglotant hystériquement, nos garçons s'enfermèrent dans leur chambre. Ils projetèrent de s'enfuir secrètement, de regagner à pied Pétrograd pour savoir ce qu'on y faisait des bolchéviks. Par chance, leur mère arriva, les calma et les emmena.

Mais, en ville, cela n'allait pas non plus très bien. Les journaux vitupéraient les bolchéviks. Le père était en prison. Décidément, la révolution ne justifiait pas les espérances. Cela n'empêcha pas nos garçons d'être ravis lorsque, sous leurs yeux, ma femme me passa à la dérobée, à travers la grille du parloir, un canif... Je persévérais à les consoler en leur disant que la vraie révolution était chose d'avenir.

Mes filles entraient déjà plus sérieusement dans la vie politique. Elles fréquentaient les meetings du cirque Moderne et participaient aux manifestations. En juillet, elles tombèrent dans une bagarre ; elles furent bousculées, l'une y perdit ses lunettes, toutes deux y laissèrent leurs chapeaux. Et toutes deux craignaient de ne plus revoir leur père, qu'elles venaient à peine de retrouver à distance.

Durant les jours où Kornilov mena son offensive contre la capitale. le régime de la prison fut très menacé. Tous comprenaient que, si Kornilov s'emparait de la ville, il commencerait par faire égorger les bolchéviks que Kérensky avait fait arrêter. Le comité exécutif redoutait en outre que les gardes-blancs qui se trouvaient dans la capitale ne fissent une incursion dans la prison. Un fort détachement de troupes fut envoyé pour protéger « Kresty ». Cet effectif, bien entendu, se révéla animé d'idées non « démocratiques », mais bolchévistes, et était tout disposé à nous relâcher au moment voulu. Mais ce geste aurait été le signal d'une insurrection immédiate, et l'heure n'en avait pas encore sonné.

Sur ces entrefaites, le gouvernement provisoire prit lui-même l'initiative de nous relaxer, — poussé par les motifs qui l'avaient incité à demander l'aide des matelots bolchéviks pour défendre le Palais d'Hiver.

Aussitôt sorti de la prison, je me rendis au comité de défense de la révolution qui avait été récemment créé, et où je pris séance avec ces mêmes messieurs qui m'avaient enfermé en qualité d'agent des Hohenzollern, et n'avaient même pas eu le temps de me disculper.

Pour le dire en toute sincérité, les populistes et les menchéviks, par leur contenance, n'inspiraient que le désir de les voir saisis au collet par Kornilov et fortement secoués en l'air. Mais c'était un désir impie, et surtout peu politique.

Les bolchéviks s'étaient attelés à la défense et avaient occupé partout les avant-postes. L'expérience de la rébellion de Kornilov avait complété celle des journées de juillet. Il se trouva encore une fois que Kérensky et Cie ne disposaient d'aucune force leur appartenant vraiment. L'armée qui s'était levée contre Kornilov était la future armée d'Octobre. Nous tirâmes profit du danger pour armer les ouvriers que Tsérételli avait constamment désarmés avec le plus grand zèle.

En ces jours-là, la ville avait fait silence. On attendait Kornilov, les uns dans l'espoir, les autres dans la terreur.

Nos garçons avaient entendu dire : « Il pourrait arriver demain. » Le matin, avant de s'être vêtus, ils regardaient de tous leurs yeux par la fenêtre : était-il arrivé, oui ou non ?

Mais Kornilov n'était pas arrivé. L'élan révolutionnaire des masses était si puissant que la rébellion du général fondit d'elle-même, se volatilisa. Non sans utilité : ce fut tout au profit des bolchéviks.

J'écrivais au moment de la tentative de Kornilov :

« La revanche n'a pas tardé. Traqué, persécuté, calomnié, notre parti ne s'est jamais accru aussi rapidement qu'en ces derniers temps. Et de nos capitales, cela gagnera vite les provinces, des villes cela ira bientôt aux campagnes et aux armées... Sans cesser d'être une minute l'organisation de classe du prolétariat, notre parti, sous le feu de la répression, deviendra le véritable dirigeant de toutes les masses opprimées, écrasées, trompées et persécutées ».

A peine pouvions-nous suivre la marée montante. Le nombre des bolchéviks dans le soviet de Pétrograd s'accroissait de jour en jour. Nous étions déjà arrivés à la moitié de l'effectif. Cependant, il n'y avait pas encore un seul bolchévik au bureau. La question fut posée d'une réélection. Nous proposâmes aux menchéviks et aux populistes un bureau de coalition. Lénine, nous l'avons su plus tard, en fut mécontent : il craignait que l'on ne dissimulât là-dessous des tendances à la conciliation.

Mais il n'y eut aucun compromis. Quoique tout récemment encore nous eussions combattu ensemble Kornilov, Tsérételli rejeta l'idée d'un bureau de coalition.

C'était justement ce que nous voulions.

Restait à voter sur des listes.

Je posai cette question :

— Kérensky est-il, oui ou non, compris dans la liste de nos adversaires ?

Formellement, il était membre du bureau, mais il ne venait jamais au soviet et, de toutes manières, manifestait à son égard du dédain.

La question déconcerta les membres du bureau.

Personne n'aimait ni ne respectait Kérensky. Mais il était impossible de désavouer le ministre-président qu'on comptait parmi les siens.

Après avoir chuchoté entre eux, les membres du bureau répondirent :

— Mais bien sûr qu'il y est compris...!

C'était seulement ce que nous voulions.

Voici un fragment du procès-verbal :

« Nous étions persuadés que Kérensky n'était plus membre du soviet. *(Tempête d'applaudissements)*. Mais il se trouve que nous nous sommes trompés. Entre Tchkhéidzé et Zavadié plane l'ombre de Kérensky. Quand on vous propose d'approuver la ligne politique du bureau, rappelez-vous, n'oubliez pas qu'on vous propose ainsi d'approuver la politique de Kérensky. *(Tempête d'applaudissements)*. »

Cela rejeta de notre côté plus de cent délégués hésitants. Le soviet comptait beaucoup plus qu'un millier de membres. On votait en sortant par la porte. L'émotion était extrême dans la salle. Il ne s'agissait plus du bureau. Il s'agissait de la révolution. J'allais et venais dans les couloirs avec un petit groupe d'amis. Nous estimions que nous n'aurions pas tout à fait la moitié des voix, et nous étions prêts à considérer ce résultat comme un succès. Il se trouva que nous avions obtenu une majorité de plus de cent voix sur la coalition des socialistes-révolutionnaires et des menchéviks. Nous étions vainqueurs. Je devins président du soviet. Tsérételli, en nous quittant, nous souhaita de nous maintenir dans le soviet au moins la moitié du temps qu'eux autres, socialistes, avaient passé à mener la révolution. En d'autres termes, nos adversaires ne nous faisaient crédit que pour trois mois. Ils se trompaient cruellement. Nous marchions avec assurance vers le pouvoir.

CHAPITRE XIV

LA NUIT DÉCISIVE

La douzième heure de la révolution approchait. Smolny se transformait en forteresse. Dans les combles, il y avait une vingtaine de mitrailleuses, héritage de l'ancien comité exécutif. Le commandant de Smolny, le capitaine Grékov, était un ennemi déclaré. En revanche, le chef du détachement des mitrailleurs vint me dire que ses hommes tenaient pour les bolchéviks. Je chargeai quelqu'un, — était-ce Markine ? — d'aller vérifier l'état des mitrailleuses. Elles étaient en mauvais état : personne ne s'occupait de les fourbir. Les soldats avaient négligé ce travail précisément parce qu'ils ne se disposaient pas à défendre Kérensky. Je fis venir à Smolny un nouveau détachement de mitrailleurs sur lequel on pouvait compter. C'était un gris matin d'octobre, le 24 [1]. J'allais d'étage en étage, d'abord pour ne pas rester en place, ensuite pour voir si tout était bien en ordre et pour remonter le moral de ceux qui pouvaient en avoir besoin. Par les interminables corridors carrelés et encore plongés dans la pénombre, les soldats roulaient vaillamment, avec fracas, avec un bruit de bottes, leurs mitrailleuses. C'était le nouveau détachement que

1. D'après le calendrier de « l'ancien style » qui était alors officiel en Russie. Suivant le calendrier européen, c'était le 6 novembre. C'est ce qui explique que l'on parle tantôt de la révolution d'Octobre, tantôt de la révolution de Novembre. — *Note de Trotsky.*

j'avais appelé. Aux portes des salles se montraient les visages ensomnolés et épouvantés de quelques socialistes-révolutionnaires et menchéviks qui se trouvaient encore à Smolny. Cette musique ne leur annonçait rien de bon. Les uns après les autres, ils se hâtaient de quitter Smolny. Nous restions les maîtres d'un édifice qui allait ériger sa tête bolchéviste au-dessus de la ville et du pays.

De bonne heure, je rencontrai dans l'escalier un ouvrier et une ouvrière qui accouraient, essoufflés, de l'imprimerie du parti. Le gouvernement avait supprimé l'organe central du parti et le journal du soviet de Pétrograd. Les scellés avaient été mis à l'imprimerie par des agents du gouvernement qui s'étaient présentés accompagnés de *junkers*. Au premier moment, cette nouvelle faisait impression : telle est l'influence des formalités sur les esprits !

— Est-ce qu'on ne peut pas arracher les scellés ? demande l'ouvrière.

— Arrachez-les, lui répondis-je, et pour qu'il n'arrive rien, nous vous donnerons une garde sûre.

— Il y a à côté de nous un bataillon de sapeurs, les soldats nous soutiendront, dit avec assurance l'ouvrière.

Le comité de guerre révolutionnaire prit immédiatement la décision suivante :

« 1° Rouvrir les imprimeries des journaux révolutionnaires. 2° Inviter les rédactions et les compositeurs à continuer la publication. 3° Le devoir d'honneur de protéger les imprimeries révolutionnaires contre les attentats de la contre-révolution est imposé aux valeureux soldats du régiment Litovsky et du 6e bataillon de réserve des sapeurs. »

Après cela l'imprimerie travailla sans interruption, les deux journaux purent paraître.

A la centrale des téléphones, le 24, des difficultés se produisirent : les *junkers* s'y étaient retranchés et, sous leur protection, les dames et demoiselles du téléphone commencèrent à faire opposition au Soviet. Elles cessèrent tout à fait de nous donner la communication. Cet épisode fut la première manifestation du sabotage. Le comité de guerre révolutionnaire envoya à la centrale téléphonique un détachement de matelots qui établirent devant l'entrée deux petits canons. Le téléphone recommença à fonctionner. C'est ainsi que nous commençâmes à nous emparer des organes de la direction.

Au troisième étage de Smolny, dans une petite pièce d'angle, le comité siégeait en permanence. C'est là que se concentraient toutes les informations reçues sur les mouvements de troupes, sur l'état d'esprit des soldats et des ouvriers, sur l'agitation faite dans les casernes, sur les desseins des fauteurs de pogromes, sur les manœuvres des politiciens bourgeois et des ambassades étrangères, sur la vie au Palais d'Hiver, sur les conférences et consultations des anciens partis soviétistes. Les informateurs arrivaient de tous côtés. C'étaient des ouvriers, des soldats, des officiers, des garçons de cour, des *junkers* socialistes, des domestiques, des femmes de petits fonctionnaires. Nombreux étaient ceux qui apportaient des nouvelles ridicules, mais certains donnaient des indications sérieuses et précieuses. Pendant la dernière semaine, je ne sortis presque pas de Smolny, je couchais tout habillé sur un divan de cuir, je dormais seulement de temps à autre, constamment réveillé par des courriers, des éclaireurs, des chauffeurs, des télégraphistes et par les incessants appels du téléphone. La minute décisive approchait. Il était clair qu'il n'y avait pas de retour en arrière.

Vers la nuit du 24, les membres du comité révolutionnaire se dispersèrent dans les rayons. Je restai seul. Plus tard arriva Kaménev. Il était adversaire du soulèvement. Mais il venait passer cette nuit avec moi et nous restâmes deux dans la petite pièce d'angle du troisième étage qui ressemblait à la chambre de veille d'un capitaine de navire en cette nuit décisive de la révolution. Dans la grande pièce voisine, qui était vide, se trouvait l'appareil téléphonique. On sonnait à tout instant, pour communiquer des choses importantes ou insignifiantes. Les sonneries soulignaient plus nettement encore le silence tenu en éveil. Il était facile d'imaginer cette nuit d'un Pétersbourg désert, faiblement éclairé, traversé par les souffles automnaux de la mer. La bourgeoisie, les fonctionnaires devaient se ratatiner dans leurs lits, tâchant de deviner ce qui se faisait dans les rues mystérieuses et dangereuses. Les quartiers ouvriers dorment du sommeil tendu d'un bivouac prêt à la bataille. Les commissions et les conférences des partis gouvernementaux constatent leur impuissance dans les palais du tsar où les vivants fantômes de la démocratie se heurtent aux fantômes de la monarchie qui ne se sont pas encore dissipés. Par moments, les soieries et les orfrois des salles sont plongés dans les ténèbres : c'est le charbon qui manque. Dans les rayons, des détachements d'ouvriers, de matelots, de soldats, continuent à veiller. De jeunes prolétaires portent le fusil et des bandes-chargeurs à mitrailleuses en bandoulière. Des escouades préposées à la garde des rues se chauffent devant des bûchers en plein vent. Une vingtaine d'appareils téléphoniques concentrent la vie spirituelle de la capitale qui, par cette nuit d'automne, lève la tête, cherchant le passage d'une époque à la suivante.

Dans la chambre du troisième étage, viennent des nouvelles de tous les rayons, de tous les faubourgs, de toutes les approches de la capitale. Comme si tout avait été prévu, les chefs sont à leurs postes, les services de liaison sont assurés, il semble qu'on n'ait rien oublié. Il faut encore une vérification mentale. Cette nuit est décisive. La veille, j'avais dit, parfaitement convaincu, dans mon rapport aux délégués du IIe congrès des Soviets : « Si vous ne flanchez pas, il n'y aura pas de guerre civile, nos ennemis capituleront immédiatement et vous occuperez la place qui vous appartient en droit. » On ne peut douter de la victoire. Elle est garantie dans toute la mesure où l'on peut en général garantir la victoire d'une insurrection. Et toutes ces heures sont pleines d'alarmes profondes, de tension, car la nuit qui vient va décider.

En mobilisant les *junkers*, le gouvernement avait ordonné, la veille, au croiseur *Avrora (Aurore)* de quitter les eaux de la Néva. Il s'agissait de ces mêmes matelots bolchéviks que Skobélev était venu trouver en août, le chapeau à la main, les priant de protéger le Palais d'Hiver contre les gens de Kornilov. Les matelots avaient demandé au comité de guerre révolutionnaire ce qu'ils devaient faire. Et l'*Aurore* se trouve, cette nuit, là où elle était hier. On me téléphone de Pavlovsk que le gouvernement fait venir de là des artilleurs ; de Tsarskoïé Sélo, qu'il appelle un bataillon d'élite ; de Peterhof, qu'il demande l'école des sous-lieutenants. Au Palais d'Hiver, Kérensky a rassemblé des *junkers*, des officiers et des femmes-soldats. Je donne aux commissaires l'ordre de placer sur les chemins qui mènent à Pétrograd des troupes de couverture absolument sûres et d'envoyer des agitateurs à la rencontre des troupes appelées par le gouvernement. Tous les pourparlers ont lieu par téléphone et peuvent être entièrement surpris par les agents du gouvernement. Sont-ils capables, cependant, de contrôler encore nos pourparlers ? « Si vous ne pouvez les arrêter par la persuasion, employez les armes. Vous en répondez sur votre tête ! ». Je répète cette phrase plusieurs fois. Mais je ne crois pas encore tout à fait à l'efficacité de mon ordre. La révolution est encore trop confiante, trop généreuse, trop optimiste et étourdie. Elle menace d'employer les armes plutôt qu'elle ne s'en sert. Elle espère toujours que l'on pourra résoudre toutes les questions par des paroles. Elle y réussit pour l'instant. Les rassemblements d'éléments hostiles sont volatilisés sous la seule influence de son souffle brûlant. Dès le 24, ordre avait été donné d'employer les armes à la première tentative de pogromes dans la rue et d'agir implacablement. Mais les ennemis ne songent même pas à agir dans la rue. Ils se sont cachés. La rue est à nous. Sur tous les points d'accès de Pétrograd, nos commissaires veillent. L'école des sous-lieutenants et les artilleurs n'ont pas répondu à l'appel du gouvernement. Une partie seulement des *junkers* d'Oranienbaum a réussi à passer, la nuit, entre nos troupes de couverture, et j'étais renseigné par téléphone sur leurs mouvements ultérieurs. Ils finirent par envoyer des parlementaires à Smolny. C'est en vain que le gouvernement provisoire cherchait un appui. Le sol lui fuyait sous les pieds.

La garde extérieure de Smolny fut renforcée par un nouveau détachement de mitrailleurs. La liaison restait constante avec toutes les troupes de la garnison. Les compagnies de service veillaient dans tous les régiments. Les commissaires étaient à leurs postes. Il y avait des délégués de chaque formation de troupe à Smolny, à la disposition du comité de guerre révolutionnaire, pour le cas où la liaison aurait été interrompue. Des divers rayons s'avançaient dans les rues des détachements armés qui sonnaient aux portes des édifices ou bien les ouvraient sans sonner et occupaient les établissements, l'un après l'autre. Ces détachements trouvaient presque partout des amis qui les attendaient avec impatience. Dans les gares, des commissaires spécialement préposés surveillaient de près l'arrivée et le départ des trains, surtout de ceux qui transportaient des soldats. Rien d'alarmant. Tous les points les plus importants de la ville passaient à nous presque sans résistance, sans bataille, sans victimes. Le téléphone nous appelle : « Nous y sommes. »

Tout va bien. Cela ne peut aller mieux. On peut lâcher le téléphone. Je m'assois sur le divan. La tension des nerfs se relâche. Et c'est précisément pour cela qu'un sourd afflux de fatigue me monte à la tête. « Donnez-moi une cigarette », dis-je à Kaménev. En ces années-là, je fumais encore, bien que non régulièrement. J'aspire la fumée deux fois et j'ai à peine le temps de me dire : « comme si ça ne suffisait pas », que je perds connaissance. J'ai hérité de ma mère cette disposition aux évanouissements quand j'éprouve une douleur physique ou un malaise. C'est ce qui a motivé les conclusions d'un médecin américain qui me prit pour un épileptique. Je reviens à moi, je vois le visage effrayé de Kaménev penché sur moi.

— Il faudrait peut-être aller chercher un médicament ? dit-il.

— Mieux vaudrait, lui répondis-je, après avoir réfléchi, trouver un peu de nourriture.

Je tâche de me rappeler quand j'ai mangé pour la dernière fois, et je n'y parviens pas. En tout cas, ce n'était pas la veille.

Le matin venu, je me jette sur les imprimés de la bourgeoisie et des conciliateurs. Les journaux avaient tellement et si follement hurlé à la prochaine attaque des soldats armés, au saccage, aux rivières de sang qui allaient inévitablement couler, au coup d'État, qu'ils n'avaient tout simplement pas aperçu l'insurrection qui se produisait en fait. La presse prenait pour monnaie sonnante nos pourparlers avec l'état-major et pour de l'irrésolution nos déclarations diplomatiques. Pendant ce temps, sans aucun désordre, sans aucune escarmouche dans la rue, presque sans un seul coup de fusil et sans verser de sang, les établissements publics, les uns après les autres, étaient occupés par des détachements de soldats, de matelots et de gardes-rouges d'après les ordres de l'institut Smolny.

Les petits-bourgeois, dans l'épouvante, se frottaient les yeux sous ce nouveau régime. Etait-ce bien possible ? Se pouvait-il que les bolchéviks eussent pris le pouvoir ? Une délégation de la Douma municipale vint me trouver et me posa plusieurs questions inimitables : pensions-nous, disait-elle, agir, et comment agir, et quand ? La Douma avait besoin de le savoir « dans les vingt-quatre heures ». Quelles mesures avaient été prises par le soviet pour assurer l'ordre et la sécurité ? Etc., etc. Je répondis en donnant une opinion assez « dialectique » sur la révolution et j'invitai la Douma municipale à participer aux travaux du comité de guerre révolutionnaire en lui envoyant un délégué. Cela leur fit peur beaucoup plus que le coup d'État lui-même. Je terminai la conversation, comme toujours, dans l'esprit de la défense armée : « Si le gouvernement emploie contre nous le fer, c'est l'acier qui lui répondra ».

— Nous dissoudrez-vous parce que nous sommes adversaires du passage du pouvoir aux soviets ?

Je répondis :

— La Douma actuelle représente hier ; si un conflit s'élève, nous inviterons la population à réélire une Douma en votant sur la question du pouvoir.

La délégation partit comme elle était venue, sans avoir rien gagné. Mais elle laissait derrière elle, pour nous, un sentiment de sûre victoire. Quelque chose avait changé dans cette nuit. Trois semaines auparavant, nous avions gagné la majorité, dans le soviet de Pétrograd. Nous étions alors à peu près seulement un simple drapeau : nous n'avions ni imprimerie, ni caisse, ni services. Cette nuit encore, le gouvernement avait ordonné de mettre en arrestation le comité de guerre révolutionnaire et avait fait relever nos adresses. Maintenant, une députation de la Douma municipale se présentait, pour connaître le sort qui lui était réservé, devant le comité de guerre révolutionnaire « en état d'arrestation ».

Le gouvernement, comme auparavant, tenait ses séances dans le Palais d'Hiver, mais il n'était plus que l'ombre de lui-même. Politiquement, il n'existait déjà plus. Dans la journée du 25 octobre, le Palais d'Hiver fut progressivement cerné par nos troupes. A une heure de l'après-midi, je fis mon rapport au soviet de Pétrograd sur la situation. Voici comment ce rapport est reproduit dans certains journaux :

« Au nom du comité de guerre révolutionnaire, je déclare que le gouvernement provisoire n'existe plus. *(Applaudissements)*. Certains ministres ont été arrêtés. *(Bravo !)* Les autres seront arrêtés d'une heure à l'autre ou très prochainement. *(Applaudissements)*. La garnison révolutionnaire qui se trouve à la disposition du comité de guerre révolutionnaire, a dispersé l'assemblée du préparlement. *(Bruyants applaudissements)*. Nous avons ici veillé la nuit et surveillé par fil téléphonique pour savoir comment les détachements de soldats révolutionnaires et de la garde ouvrière remplissaient sans bruit leur tâche. L'habitant dormait tranquillement et ne savait pas que, pendant ce temps, un pouvoir était remplacé par un autre. Les gares, la poste, le télégraphe, l'Agence télégraphique de Pétrograd, la Banque d'Etat sont occupés. *(Bruyants applaudissements).* Le Palais d'Hiver n'est pas encore pris, mais son sort sera décidé dans les minutes qui vont suivre. *(Applaudissements).* »

Ce sec compte-rendu pourrait donner une fausse idée de l'état d'esprit de l'assemblée. Voici ce qui me revient en mémoire : lorsque je fis mon rappôrt sur le changement de pouvoir qui avait eu lieu la nuit, le silence d'esprits tendus régna pendant quelques secondes. Ensuite, vinrent les applaudissements, mais non tumultueux, plutôt réfléchis. Toute la salle méditait ses émotions et attendait. Se préparant à la lutte, la classe ouvrière était saisie d'un enthousiasme indescriptible. Mais lorsque nous passâmes le seuil du pouvoir, l'enthousiasme non raisonné fit place à des méditations inquiètes. Et, en cela, s'exprimait un juste instinct historique. Car on pouvait avoir devant soi une formidable résistance du vieux monde. il y avait à prévoir des luttes, la faim, le froid, des destructions, du sang, des morts. Nombreux étaient ceux qui se disaient : serons-nous assez forts ? Et c'est pour cela qu'on était inquiet et qu'on réfléchissait. Tous répondirent : nous serons assez forts. De nouveaux dangers se signalaient d'avance, dans une lointaine perspective. Pour l'instant, l'on avait le sentiment d'une grande victoire, et ce sentiment vous chantait dans le sang. Il trouva son issue lors du tumultueux accueil qui fut fait à Lénine, lorsque, pour la première fois, il parut à cette séance, après s'être caché pendant presque quatre mois.

Tard dans la soirée, attendant l'ouverture de la séance du congrès des soviets, nous nous reposions, Lénine et moi, à côté de la salle de réunion, dans une chambre vide où il n'y avait que des chaises. Quelqu'un étendit pour nous une couverture sur le plancher ; quelqu'un, — la sœur de Lénine, me semble-t-il, — nous trouva des oreillers. Nous étions couchés côte à côte, le corps et l'âme se reprenaient comme un ressort trop tendu. C'était un repos mérité. Nous ne pouvions pas dormir. Nous causions à mi-voix. Lénine venait seulement d'admettre tout à fait l'idée d'un retardement de l'insurrection. Ses appréhensions s'étaient dissipées. Il y avait dans sa voix des accents de rare intimité. Il me questionnait sur les escouades de gardes-rouges, de matelots et de soldats qui avaient été placées partout.

— Quel magnifique tableau : l'ouvrier armé d'un fusil près du soldat qui se chauffe au bûcher de la rue ! répétait-il avec un sentiment profond. On a enfin raccordé le soldat et l'ouvrier !

Ensuite, soudain, il se reprit :

— Mais le Palais d'Hiver ? Il n'est pas encore pris ? N'est-il pas arrivé quelque chose ?

Je me soulevai pour me renseigner par téléphone sur la marche des opérations, mais il me retint :

— Restez couché, je vais en charger quelqu'un.

Nous ne pûmes rester couchés longtemps. Dans la salle voisine s'ouvrait la séance du congrès des soviets. Oulianova, la sœur de Lénine vint en courant me chercher :

— C'est Dan qui parle, on vous appelle.

D'une voix qui se brisait, Dan réglait leur compte aux conspirateurs et prophétisait l'inévitable krach de l'insurrection. Il exigeait que nous fissions une coalition avec les socialistes-révolutionnaires et les menchéviks. Les partis qui, la veille encore, se trouvant au pouvoir, nous persécutaient et nous emprisonnaient exigeaient un accord avec nous quand ils étaient renversés par nous.

Je répondis à Dan et, en sa personne, à l'hier de la révolution :

— Ce qui s'est produit, c'est une insurrection et non pas un complot. L'insurrection des masses populaires n'a pas besoin d'être justifiée. Nous avons donné de la trempe à l'énergie révolutionnaire des ouvriers et des soldats. Nous avons ouvertement forgé la volonté des masses pour l'insurrection. Notre soulèvement a remporté la victoire : et maintenant l'on nous propose de renoncer à cette victoire, de conclure des accords. Avec qui ? Vous êtes de pauvres unités, vous êtes des banqueroutiers, votre rôle est joué. Allez là où est votre place : au panier de l'histoire. »

Ce fut la dernière réplique dans le grand dialogue qui avait commencé le 3 avril, au jour et à l'heure de l'arrivée de Lénine à Pétrograd.

CHAPITRE XV

LE « TROTSKYSME » EN 1917

Depuis 1904, j'étais en dehors des deux fractions de la social-démocratie. J'avais vécu les années de la première révolution, 1905-1907, côte à côte avec les bolchéviks. Pendant les années de la réaction, je défendis les méthodes de la révolution contre les menchéviks dans la presse marxiste internationale. Je ne perdais cependant pas l'espoir de voir les menchéviks s'orienter vers la gauche et je fis une série de tentatives d'unification. C'est seulement pendant la guerre que je compris que ces tentatives seraient inutiles. A New-York, au début de mars, j'écrivis une série d'articles consacrés à l'étude des forces de classes et des perspectives de la révolution russe. En ce même temps, Lénine envoyait de Genève à Pétrograd ses *Lettres du lointain*. Ecrits sur deux points du monde que sépare l'océan, ces articles donnent une analyse identique de la situation et expriment des prévisions toutes pareilles. Toutes les formules essentielles, — sur l'attitude à prendre à l'égard des paysans, de la bourgeoisie, du gouvernement provisoire, de la guerre, de la révolution internationale, sont absolument identiques. Sur la pierre à aiguiser de l'histoire, vérification fut faite alors des rapports du « trotskysme » et du léninisme. Cette vérification eut lieu dans les conditions d'une expérience de chimie pure. Je ne connaissais pas le jugement de Lénine. Je partais de mes propres prémisses et de ma propre expérience révolutionnaire. Et j'indiquais les mêmes perspectives, la même ligne stratégique que donnait Lénine.

Mais, peut-être, à cette époque, la question était-elle claire pour tout le monde et la solution tout aussi bien prévue pour tous. Non ! Au contraire ! Le jugement de Lénine fut en cette période, — jusqu'au 4 avril 1917, c'est-à-dire jusqu'à son apparition sur l'arène de Pétrograd, — un jugement personnel, individuel. Pas un des dirigeants du parti se trouvant alors en Russie, — pas un ! — n'avait même l'idée de gouverner vers la dictature du prolétariat, vers la révolution socialiste. La conférence du parti qui avait réuni, à la veille de l'arrivée de Lénine, quelques dizaines de bolchéviks, avait montré qu'aucun d'eux n'allait en pensée au-delà de la démocratie. Ce n'est pas sans intention que les procès-verbaux de cette conférence restent cachés jusqu'à ce jour. Staline était d'avis de soutenir le gouvernement provisoire de Goutchkov-Milioukov et d'arriver à une fusion des bolchéviks avec les menchéviks. La même attitude fut prise (ou bien une attitude encore plus opportuniste) par : Rykov, Kaménev, Molotov, Tomsky, Kalinine et tous autres dirigeants ou à demi dirigeants actuels. Iaroslavsky, Ordjonikidzé, le président du comité exécutif central de l'Ukraine, Pétrovsky, et d'autres, publiaient, pendant la révolution de février, à Iakoutsk, en commun avec les menchéviks, un journal appelé *Le Social-Démocrate*, dans lequel ils développaient les idées les plus vulgaires de l'opportunisme provincial. Si l'on reproduisait actuellement certains articles du *Social-Démocrate* d'Irkoutsk dont Iaroslavsky était le rédacteur en chef, on tuerait idéologiquement cet homme, en admettant toutefois qu'il soit possible de l'exécuter idéologiquement.

Telle est la garde actuelle du « léninisme ». Qu'en diverses occasions, ces hommes aient répété les paroles et imité les gestes de Lénine, cela, je le sais. Mais, au début de 1917, ils étaient livrés à eux-mêmes. La situation était difficile. C'est alors qu'ils auraient dû montrer ce qu'ils avaient appris à l'école de Lénine et ce dont ils étaient capables sans Lénine. Qu'ils désignent seulement, parmi eux, un seul qui de lui-même ait su aborder la position qui fut identiquement formulée par Lénine à Genève et par moi à New-York. Ils ne trouveront pas un nom. La *Pravda* de Pétrograd, dont les rédacteurs en chef, avant l'arrivée de Lénine, étaient Staline et Kaménev, est restée à tout jamais un monument d'esprit borné, d'aveuglement et d'opportunisme. Cependant la masse du parti, comme la classe ouvrière dans son ensemble, se dirigeait spontanément vers la lutte pour le pouvoir. Il n'y avait pas en somme d'autre voie, ni pour le parti, ni pour le pays.

Pour défendre, pendant les années de la réaction, la perspective de la révolution permanente, il fallait des prévisions théoriques. Pour lancer, en mars 1917, le mot d'ordre de la lutte pour le pouvoir, il suffisait, ce me semble, du flair politique. Les facultés de prévision et même de flair ne se sont révélées chez aucun — pas un ! — des dirigeants actuels. Pas un d'entre eux, en mars 1917, n'avait dépassé la position du petit bourgeois démocrate de gauche. Aucun d'entre eux n'a passé convenablement l'examen de l'histoire.

J'arrivai à Pétrograd un mois après Lénine. Exactement le temps pendant lequel j'avais été retenu au Canada par Lloyd George. Je trouvai la situation dans le parti essentiellement modifiée. Lénine avait fait appel à la masse des partisans contre leurs tristes leaders. Il mena une lutte systématique contre ces « vieux bolchéviks, — écrivait-il, — qui ont déjà joué plus d'une fois un triste rôle dans l'histoire de notre parti, répétant sans y rien comprendre une formule apprise par cœur, au lieu d'étudier les particularités de la nouvelle et vivante situation. »

Kaménev et Rykov tentèrent de résister. Staline, en silence, se mit à l'écart. Il n'existe pas, pour l'époque, un seul article de Staline où celui-ci ait fait effort pour juger sa politique de la veille et s'ouvrir un chemin dans le sens de la position léniniste. Il se tut tout simplement. Il s'était trop compromis par la désastreuse direction qu'il avait donnée pendant le premier mois de la révolution. Il préféra se retirer dans l'ombre. Il ne prit publiquement nulle part la défense des idées de Lénine. Il éludait et attendait. Durant les mois où se fit la préparation théorique et politique d'Octobre, où s'engagèrent le plus sérieusement les responsabilités, Staline n'eut tout simplement pas d'existence politique.

Lorsque j'arrivai dans le pays, un bon nombre d'organisations social-démocrates groupaient encore des menchéviks et des bolchéviks. C'était la conséquence naturelle de la position que Staline, Kaménev et d'autres avaient prise non seulement au début de la révolution, mais aussi pendant la guerre, bien que, il faut en convenir, l'attitude de Staline en temps de guerre soit restée inconnue de tous : il n'a pas écrit une seule ligne sur cette question qui n'est pas d'une mince importance.

Actuellement, les manuels de l'Internationale communiste, dans le monde entier, — pour les Jeunesses communistes en Scandinavie et les pionniers en Australie, — répètent à satiété que Trotsky, en août 1912, fit une tentative pour unifier les bolchéviks avec les menchéviks. En revanche, il n'est dit nulle part que Staline, en mars 1917, prêchait une alliance avec le parti de Tsérételli et qu'en fait, jusqu'au milieu de 1917, Lénine ne parvint pas à dégager le parti du marais où l'avaient entraîné les dirigeants temporaires d'alors, actuellement devenus les épigones. Le fait que pas un d'entre eux ne comprit, au début de la révolution, le sens et la direction de celle-ci est maintenant interprété comme procédant de vues dialectiques particulièrement profondes, s'opposant à l'hérésie du trotskysme qui osa non seulement comprendre les faits de la veille, mais aussi prévoir ceux du lendemain.

Quand, arrivé à Pétersbourg, je déclarai à Kaménev que je n'objectais rien aux fameuses « thèses d'avril » de Lénine, qui déterminaient le cours nouveau du parti, Kaménev me répondit seulement :

— Je crois bien !...

Avant même d'avoir adhéré en bonne et due forme au parti, je contribuai à l'élaboration des plus importants documents du bolchévisme. Il ne vint à l'esprit de personne de demander si j'avais renoncé au « trotskysme » comme l'ont voulu savoir, à mille reprises, depuis, dans la période de décadence des épigones, les Cachin, les Thaelmann et autres parasites de la révolution d'Octobre. Si, à cette époque, on a pu voir le trotskysme opposé au léninisme, ce fut seulement en ce sens que, dans les sphères supérieures du parti, pendant avril, Lénine fut accusé de trotskysme. Kaménev en parlait ainsi, ouvertement et avec persistance. D'autres disaient de même, mais d'une façon plus circonspecte, dans les coulisses. Des dizaines de « vieux bolchéviks » me déclarèrent, après mon arrivée en Russie :

— Maintenant, c'est fête dans *votre* rue !...

Je fus forcé de démontrer que Lénine n'avait pas adopté ma position, qu'il avait simplement étendu la sienne et que, par la suite de cette évolution, où l'algèbre se simplifiait en arithmétique, l'identité de nos idées s'était manifestée. Il en fut bien ainsi.

Dès nos premières rencontres, et plus encore après les journées de juillet, Lénine donnait l'impression d'une extrême concentration intérieure, d'un ramassement sur lui-même poussé au dernier degré, — sous des apparences de calme et de simplicité prosaïque. Le régime kérenskyste semblait, en ces jours-là, tout-puissant. Le bolchévisme n'était représenté que par une « petite bande insignifiante ». C'est ainsi qu'il était traité officiellement. Le parti lui-même ne se rendait pas encore compte de la force qu'il allait avoir le lendemain. Et, cependant, Lénine le conduisait, en toute assurance, vers les plus hautes tâches. Je m'attelai au travail et aidai Lénine.

Deux mois avant Octobre, j'écrivais :

« Pour nous, l'internationalisme n'est pas une idée abstraite, n'existant seulement que pour être trahie à la première occasion (ce qu'elle est pour un Tsérételli ou un Tchernov) ; c'est un principe qui nous dirige immédiatement et est profondément pratique. Un succès durable, décisif, n'est pas concevable pour nous en dehors d'une révolution européenne. »

A côté des noms de Tsérételli et de Tchernov, je ne pouvais pas alors encore ranger celui de Staline, philosophe du socialisme dans un seul pays. Je terminais mon article par ces mots :

« La *révolution permanente* contre le carnage permanent ! Telle est la lutte dont l'enjeu est le sort de l'humanité. »

Ce fut imprimé dans l'organe central de notre parti, le 7 septembre et reproduit en brochure. Pourquoi mes critiques actuels gardèrent-ils alors le silence sur le mot d'ordre hérétique d'une révolution permanente ? Où étaient-ils ? Les uns, comme Staline, attendaient les événements en regardant de côté et d'autre ; les autres, comme Zinoviev, se cachaient sous la table.

Mais la plus grosse question est celle-ci : comment Lénine a-t-il pu tolérer ma propagande hérétique ? Quand il y avait question de théorie, il ne connaissait ni condescendance ni indulgence. Comment a-t-il pu supporter que le « trotskysme » fût prêché dans l'organe central du parti ?

Le 1er novembre 1917, à une séance du comité de Pétrograd (le procès-verbal de cette séance, historique sous tous rapports, est tenu secret jusqu'à présent), Lénine déclara que depuis que Trotsky s'était convaincu de l'impossibilité d'une alliance avec les menchéviks. « il n'y avait pas de meilleur bolchévik que lui ». Il montra par là clairement, et non pour la première fois, que si quelque chose nous séparait, ce n'était pas la théorie de la révolution permanente, c'était une question plus restreinte, quoique très importante, sur les rapports à garder vis-à-vis du menchévisme.

Jetant un coup d'œil rétrospectif, deux ans après la révolution d'Octobre, Lénine écrivait :

« Au moment de la conquête du pouvoir, lorsque fut créée la république des soviets, le bolchévisme avait attiré à lui tout ce qu'il y avait de meilleur dans les tendances de la pensée socialiste proches de lui ».

Peut-il y avoir l'ombre d'un doute qu'en parlant d'une façon aussi marquée des *tendances de la pensée socialiste les plus proches du bolchévisme*, Lénine avait en vue tout d'abord ce que l'on appelle maintenant le « trotskysme historique » ? En effet, quelle autre tendance pouvait être plus proche du bolchévisme que celle que je représentais ? Qui donc Lénine pouvait-il avoir en vue ? Marcel Cachin ? Thaelmann ? Pour Lénine, lorsqu'il passait en revue l'évolution du parti dans son ensemble, le trotskysme n'était pas quelque chose d'étranger ou d'hostile ; c'était, au contraire, le courant de la pensée socialiste le plus proche du bolchévisme.

La véritable marche des idées n'eut, on le voit, rien de commun avec la caricature mensongère qu'en ont faite, profitant de la mort de Lénine et de la vague de réaction, les épigones.

TABLE

ACHEVÉ D'IMPRIMER
LE 30 JUIN 1930
POUR LES ÉDITIONS
RIEDER PAR F. PAILLART
A ABBEVILLE (SOMME)

www.ingramcontent.com/pod-product-compliance
Ingram Content Group UK Ltd.
Pitfield, Milton Keynes, MK11 3LW, UK
UKHW022057260726
13993UKWH00001B/162